# 詩僧對韻

能愿 著

丙申初夏 達照題

中国文联出版社

# 序 一

佛教的故事经典，其实就是具有很强感染力的文学作品，其中的偈语，也就是内涵精深的诗。古往今来，僧人做诗与诗人做偈语都传为文坛的佳话，从李白、王维到齐己、寒山，都有传世的佳作，为后人立了典范。

因此，可以说佛教文学自古以来就是中国文学的一个重要组成部分。文学的外相是为了展现山川故事人间悲喜，文学的内涵则是为了启迪人心，净化人性，导人向善。文学的形式可以多样，但内涵最精深最为人上口传诵的莫过于诗词。诗发于声，止于情。发于声是说它的声韵结构平仄协调，韵律回环，铿锵有力；止于情是说作者的内心世界或悲欣交集，或刚柔并济，或上善若水均能从诗中表达出来。诗的特性还在于它的传播作用，比如我们可以背下一首诗，但却很难背下长篇完整的文章。佛教在传播中也非常擅长运用偈颂的传唱以达到流传的作用，比如十二部经中的长行，就是长篇的文章，而重颂、孤颂就是短篇的诗章，重颂是对长行要义的总结，孤颂则是对全经要义的概括，它们的共同作用就是便于我们记忆并且抓住重点，反复吟诵以达到教化的目的。

　　诗的主要作用是抒情和赞美，而大乘佛教四摄法中也教导众生要奉行爱语，爱语就是赞美的语言，而这也更符合运用诗歌的表现形式。所以历来不乏诗僧，特别是在诗词鼎盛的唐代，更是涌现了皎然、齐己、寒山、拾得等著名诗僧。禅宗的历代祖师们皆是诗坛宗匠，如近代的禅门高僧虚云老和尚、圆瑛法师等均有诗集传世，他们的诗作与偈语现在都成为我们学习的楷模。

　　儒家在明清时代编撰了许多蒙学经典，声韵方面有两部主要的著作，一是李渔著的《笠翁对韵》、一是车万育著的《声律启蒙》，全书按韵分篇包罗天文地理、花木鸟兽、人文典故等的虚实应对，从而提高语音、词汇、修辞的修为。能愿法师所著的《诗僧对韵》则主要从佛教的词汇、典故等为着手点，是佛教在传统的音韵方面所作的有益探索。我们期望在佛教繁荣发展的今天，也能盛开出丰富多彩的佛教文学之花，涌现出更多更好的作品。

　　适值《诗僧对韵》即将付梓之际邀我为序，希望此书的出版能起到抛砖引玉的效果，也冀此期望佛教界能够涌现更多的青年僧才，写出更多的作品，起到教化社会、净化人心的作用，那么便是不负如来深恩，是为序。

沙门贤志

于福建莲峰山资国寺

# 序 二

写此序时,台风从南而至,我凭窗静坐,泡下一壶清茶,窗外风雨倾城,寺院的小黄狗依在我身边兀自睡酣,而我抱着电脑,吟咏着《诗僧对韵》,世间再多的江湖扰乱,都与此时此地无关。

"无对有,色对空,地水对火风。菩提对般若,自在对圆通,传圣教,启童蒙,佛日对苍穹,拈花灵鹫岭,说法大雄宫。"——这简简单单的几句,朗声念起来声调和谐,节奏响亮,让窗外本来莽乱的风雨,也仿佛有了节律。

"行到水穷,自有清溪远籁,坐观云起,曾临绝顶飞淙"——读到这句化用摩诘诗的对韵,我想起布衣曾说过他的想法:明清以来,童蒙学诗总选用《训蒙骈句》《声律启蒙》等来做声韵格律方面的初学读物,从单字、双字、三字、五字、七字到十一字，从单字到多字的层层属对叠加，诵读起来，如唱歌般。"熟读唐诗三百首，不会作诗也会吟"，念熟了这些对文，大概也可收到同样的效果，很自然领会了平仄对仗，轻松从中得到语音、词汇、修辞的训练。

"寒寺蔽，草庵墟，精舍对茅庐。厨香多野味，灶暖煮山蔬。"

"入山居雪洞，侧水筑云巢。茂树临池凭鸟宿，柴门对月有僧敲。"

同样的韵脚，是走在世间的绮语花路，还是牵引自他走向稍稍出离于世相，这才是布衣的密意之处。同样的世间名言，就像一滴水，在海洋里翻涌成浪花，跟极地里飘落雪花，本同一性，可是格律形态一异，境界便立刻不同。这在佛家，应该可以称之为"诸法空无相，随缘自显然"。也即是说，同一滴水，在尘沙低海里必显现成为浪花，在雪山高寒，便可显现成为雪花，此中的"缘"，既是格律，更是布衣的佛心禅意，便主宰了这滴水的面貌。

"常观往事三千，生生灭灭；葬尽浮生所有，是是非非。"

"用舍由时，且向闲中听竹雨；行藏自我，从今歇去煮茶烟。"

布衣的诸般对韵，不同于笠翁那种世间心等流世间心的凡情俗意，更有出世间的高拔气质与卓然的愿景了。我只是拿起来读一会儿，一个人静坐自得，像小时候一样，也不管懂不懂，大声地朗读一气再说，就这样读着读着，心下即豁然开朗，仿佛有光。

刚在前夜，布衣曾和我探讨过一个佛学问题：何以《法华经》说"诸法实相"，《金刚经》却说"诸法空相"？

这问题详谈起来，所谓道出多端，可以写无数本大书了。但有一点，我们颇为契合：所谓"诸法空相"，本是"空性、无相"，此"空性、无相"，便即是"实相"。"实相"者，是站在解脱者的立场来说，仿佛诸佛看我们的世间，一切法空、无，是谓见到实相，但亦即谓一切法实以"空性、无相"而为相，始是实相；我们见道的人看这世界，由概念来建立事物的"性"，又依著名言来建立事物的"相"，所看到的，便只是唯根据名言与概念以及割裂预设的妄念而成立的"虚妄"。

我转过话头又问布衣，那我们的文字，是什么相？

布衣微微一笑："人去茶未凉。"

"缁衣对麻布，竹杖对芒鞋。留佛骨，忘形骸，天路对云阶。行山开眼界，觉路满襟怀。"

是为谨序。

沙门寂然

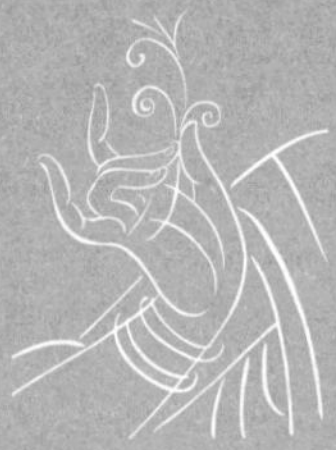

# 目 录

诗僧对韵

上卷

一 东 2
二 冬 6
三 江 9
四 支 12
五 微 15
六 鱼 18
七 虞 21
八 齐 24
九 佳 27
十 灰 30
十一 真 33
十二 文 36
十三 元 39
十四 寒 42
十五 删 45

下卷

一 先 50
二 萧 53
三 肴 56
四 豪 59
五 歌 62
六 麻 65
七 阳 68
八 庚 71
九 青 74
十 蒸 77
十一 尤 80
十二 侵 83
十三 覃 86
十四 盐 89
十五 咸 92

声律启蒙

上卷

一 东 96
二 冬 97
三 江 98
四 支 99
五 微 100
六 鱼 101
七 虞 102
八 齐 103
九 佳 104
十 灰 105
十一 真 106
十二 文 107
十三 元 108
十四 寒 109
十五 删 110

下卷

一 先 112
二 萧 113
三 肴 114
四 豪 115
五 歌 116
六 麻 117
七 阳 118
八 庚 119
九 青 120
十 蒸 121
十一 尤 122
十二 侵 123
十三 覃 124
十四 盐 125
十五 咸 126

笠翁对韵

## 上卷

一 东　128
二 冬　129
三 江　130
四 支　131
五 微　132
六 鱼　133
七 虞　134
八 齐　135
九 佳　136
十 灰　137
十一 真　138
十二 文　139
十三 元　140
十四 寒　141
十五 删　142

## 下卷

一 先　144
二 箫　145
三 肴　146
四 豪　147
五 歌　148
六 麻　149
七 阳　150
八 庚　151
九 青　152
十 蒸　153
十一 尤　154
十二 侵　155
十三 覃　156
十四 盐　157
十五 咸　158

# 诗僧对韵

## 上卷

## 一　东

无对有[1]，色对空[2]，地水对火风[3]。菩提[4]对般若[5]，自在[6]对圆通[7]。传圣教[8]，启童蒙，佛日对苍穹，拈花灵鹫岭[9]，说法大雄宫。万圣同参祇树[10]下，千贤结集竹林中。四十九年，广演须弥奥义；一千余众，同播海藏宗风[11]。

---

[1] 无、有：有法和无法。如小乘的七十五法及大乘的百法为有法；如龟毛兔角等绝对无者为无法。

[2] 色、空：无形叫作"空"，有形叫作"色"。《般若心经》说："色即是空，空即是色。"

[3] 地水火风：《俱舍论》所说，地、水、火、风四种元素，此四者广大，能造作生出一切之色法（物质），故名四大。

[4] 菩提：（术语）Bodhi，旧译为道，新译为觉。道者通义，觉者觉悟之义。

[5] 般若：《大智度论》卷四十三曰"般若者，秦言智慧。一切诸智慧中，最为第一，无上无比无等，更无胜者。"

[6] 自在：心离烦恼之系缚，通达无碍，谓之自在。

[7] 圆通：（术语）妙智所证之理曰圆通。性体周遍为圆，妙用无碍为通。又以觉慧周遍通解通入法性，谓为圆通。

[8] 圣教：（术语）圣者正也。与正理合名为圣。圣人之所说，谓为圣教，后世代指佛教。《圆觉经》曰："闻此圣教，随顺开悟。"

[9] 拈花灵鹫岭：《联灯会要释迦牟尼佛章》曰："世尊在灵山会上，拈华示众。众皆默然，唯迦叶破颜微笑。世尊云：吾有正法眼藏，涅槃妙心，实相无相，微妙法门，不立文字，教外别传。付嘱摩诃迦叶。"

[10] 祇树：即祇树园，简称祇园，在古印度舍卫城，与王舍城的竹园同为释迦牟尼时代的两大精舍之一。

[11] 四十九年：释迦牟尼佛一生说法四十九年，说法三百余会，有弟子一千二百五十五人。

僧[1]对佛[2],主对翁,罗汉[3]对儒童[4],诸天[5]对菩萨[6],法界[7]对云中。兜率院[8],夜摩宫[9],慧剑[10]对禅弓。八功清

---

[1] 僧：(术语)Samgha,又作僧佉,僧加,僧企耶。译曰众和会,常略曰僧。比丘之众多和合者。(僧)。

[2] 佛：(术语)佛陀之简称,是为如来十号之一。

[3] 罗汉：《大智度论》卷三曰"阿罗名贼,汉名破；一切烦恼破,是名阿罗汉；复次,阿罗汉一切漏尽,故应得一切世间诸天人供养；复次,阿名不,罗汉名生,后世中更不生,是名阿罗汉",又译曰应真,真人。

[4] 儒童：《清净法行经》云：真丹国人难化,佛遣摩诃迦叶往,为老子。净光童子往,为孔子。又遣月明儒童往,为颜回。

[5] 诸天：佛教的三界天神,欲界有六天,谓之六欲天。色界之四禅有十八天。无色界之四处有四天。其他有日天月天韦驮天等诸种天神。即诸天部也。

[6] 菩萨：梵语菩提萨埵的简称,华译为"觉有情",就是能自觉又觉他的有情。菩萨的意思,还有开士、始士、高士、大士等。开士者,以法开导众生之士；始士者,开始觉悟之士；高士者,高明之士；大士者,实践大乘佛法之士。

[7] 法界：就事相来说,法者诸法,界者分界,现象界的一切事物,各有其差别不同的相,而且不能混淆,名"事法界"；就理体来说,诸法在外相上虽千差万别,但皆同一性,名"理法界"。

[8] 兜率院：菩萨最后身之住处也。释迦如来为菩萨时最后之住处,住于此终此生,下生人间而成佛也。今为弥勒菩萨之净土也。此亦菩萨身之最后,彼天四千岁间住于此,已生人间,成佛于龙华树下也。而彼天之四千岁当人中之五十七亿六百万岁。

[9] 夜摩：(界名)具曰须夜摩或苏夜摩。欲界六天中第三天名。旧曰焰天。译言时分,善分。以善知时分受五欲之乐故也。《智度论》卷九曰："夜摩名善分天。"

[10] 慧剑：(譬喻)智慧能断烦恼,故名慧剑。《义楚六帖》曰："《宝积经》云：文殊执剑,驰往佛所。佛言：杀贪嗔痴身,令诸众生悟慧剑法门,破烦恼贼人。"《证道歌》曰："大丈夫,秉慧剑,般若锋兮金刚焰。非但能摧外道心,早曾落却天魔胆。"

净水[1]，七宝[2]妙严风。欢喜现前[3]行有尽，慈悲不动[4]愿无穷。正知正见[5]，佛性岂分南北[6]？无果无因，人心迷转西东。

---

[1] 八功清净水，（术语）极乐之池中及须弥山与七金山之内海，皆盈满八功德水。《无量寿经》（上卷）曰："八功德水湛然盈满，清净香洁，味如甘露。"《称赞净土经》曰："何等名为八功德水？一者澄净、二者清冷、三者甘美、四者轻软、五者润泽、六者安和、七者饮时除饥渴等无量过患、八者饮已定能长养诸根四大增益。"

[2] 七宝：西方极乐世界净土之林，由七宝树所成，又称七宝行树。

[3] 欢喜、现前：欢喜地是菩萨乘十地之初地，新译《仁王经》卷下曰："初证平等性，而生诸佛家，由初得觉悟，名为欢喜地。"现前地是菩萨乘十地之第六地。真如净性显现之位。最胜般若显现之位。《楞严经》卷八曰："无为真如，性净明露，名现前地。"

[4] 不动：不动地是菩萨乘十地之第八地，谓真如之理既尽其际，全得体之，则真常凝静，无能动摇。

[5] 正知正见：即正确的知见。八圣道之一，即八条圣者的道法。

[6] 佛性岂分南北：慧能往黄梅参五祖弘忍，五祖见着他即问：居士从何处来，欲求何物？惠能说：弟子是岭南人，唯求作佛！弘忍说：你是岭南人，又是獦獠，如何堪作佛？惠能说：人有南北，佛性岂分南北？和尚佛性与獦獠佛性无别；和尚能作佛，弟子当能作佛。

明对暗，正对蒙，禅定[1]对神通[2]。娑婆[3]对极乐[4]，佛国对天宫。梁武帝[5]，宝志公[6]，圣驾对慈艭[7]。寻声知苦厄，度众脱樊笼。水月金容光赫奕，弥陀宝冠玉玲珑[8]。化现阎浮，浩浩红莲安足下；应身尘刹，弯弯新月锁眉中[9]。

---

[1] 禅定：（术语）禅为梵语禅那之略，译曰思维修。新译曰静虑。思维修者思维所对之境，而研习之义，静虑者心体寂静。能审虑之义。定者，为梵语三昧之译，心定止一境而离散动之义。即一心考物为禅，一境静念为定也。

[2] 神通：（术语）神为不测之义，通为无碍之义。不可测又无碍之力用，谓为神通或通力。

[3] 娑婆：娑婆世界的简称。娑婆华译为"堪忍"，因此世界的众生，堪能忍受十恶三毒及诸烦恼而不肯出离，故名"堪忍世界"，或简称"忍土"。

[4] 极乐：即极乐世界，阿弥陀佛的国土名，因其国只有快乐而无痛苦，故名。

[5] 梁武帝：著名佛教皇帝，以护持佛教而著名，曾三次舍身同泰寺，后由大臣赎回。

[6] 宝志公：南北朝时期著名的禅师，深受梁武帝的敬重。

[7] 慈艭：即慈航，大慈弘誓之船也。《万善同归集》卷六曰："驾大般若之慈航，越三有之苦津。"

[8] 水月二句：《观音赞》云"发宏誓愿。度脱樊笼。弥陀宝冠。璎珞顶带花玲珑。三灾八难。寻声救苦。丑械枷锁。化作清风"。

[9] 化现四句：《观音偈》云"浩浩红莲安足下，弯弯秋月锁眉中"。

## 二 冬

经对律[1]，教对宗[2]，暮鼓对晨钟。山门对宝殿，护法对天龙。狮子吼[3]，象王踪[4]，冷月对青松。雷音常隐隐[5]，佛日已彤彤。众妙门中来有信，通玄峰顶话相逢[6]。如去如来，震动三千世界[7]；不生不灭[8]，安居第一高峰。

---

[1] 经律：佛教经律论三藏。经为佛所说经文，律为佛所制的戒律。

[2] 教、宗：教下与宗门的简称，教下指华严、天台、三论、唯识等以佛教理论为基础的宗派；宗门特指禅宗，因禅宗"不立文字，教外别传"。

[3] 狮子吼：（喻）佛陀说法，毫无怖畏，声震十方，群魔慑伏，好像狮子一叫，百兽降伏一样。

[4] 象王：（杂语）象中之王。以譬佛者。《涅槃经》卷二十三曰："是大涅槃，唯大象王能尽其底。大象王谓诸佛也。"《法苑珠林》曰："佛有八十种好相，进止如象王，行步如鹅王，容仪如狮子王。"《华严经》曰："象王行处落花红。"又譬菩萨也。《无量寿经》卷下曰："犹如象王，善调伏故。"

[5] 雷音：如来不具一切怖畏，感得语声响如雷音。佛身八十种随好之一。

[6] 天台山德韶国师偈：通玄峰顶，不是人间；满目青山，心外无法。

[7] 三千世界：（术语）具云三千大千世界，一世界之中央，有须弥山，此四方之大海中有四大洲，此大海之外，以铁围山围绕之，如是谓之一小世界。合一千一小世界，谓之小千世界，合一千小千世界，谓之中千世界，合一千中千世界，谓之大千世界。《俱舍论》卷十一曰："千四大洲，乃至梵世，如是总说，为一小千；千倍小千，名一中千界；千中千界，总名一大千；如是大千，同成同坏。"一大千世界中含有小千中千大千三种之千，故一大三千世界，谓之三千大千世界。

[8] 不生不灭：不生也不灭，是常住的别名，即无生，《涅槃经》说："涅言不生，槃言不灭，不生不灭，名大涅槃。"

鱼对磬,鼓对钟[1],结夏[2]对斋冬[3]。龙吟对狮吼,宝相对金容。眉似月,卍[4]当胸,越祖[5]对分宗。菩提声处处,般若味重重[6]。深密一音开上智,导归三乘化中庸。垂范人天,语默安然心坦荡;弘慈法界,行深静寂体谦恭[7]。

---

[1] 鱼、磬、钟、鼓:皆佛教禅门法器,唱诵时用于敲打。

[2] 结夏:(术语)行夏安居也。结者结成之意。《资持记上四之一》曰:"立心止住,名为结耳。"《荆楚岁时记》曰:"四月十五日,天下僧尼就禅刹挂搭,谓之结夏。"

[3] 斋冬:即冬安居,行事如夏安居。僧侣自十月十五日,迄明年正月十五日,禁外出而讲学修养也。

[4] 卍:读音为"万",佛三十二相之一。此相梵名室利靺蹉洛刹那,华译为"吉祥海云相",可见它仅是一个符号,而不是文字,此卐字符号,是吉祥的意思。

[5] 越祖:(术语)谓作家手段超越于佛祖也。《传灯录(云门章)》曰:"汝等没可作了。见道著祖意,便问超佛越祖之谈。汝且唤那个为佛,那个为祖,说个超佛越祖底道理。"

[6] 般若味重重:《金刚经赞》云"断疑生信、绝相超宗,断忘人法解真空。般若味重重。四句融通,福德叹无穷"。

[7] 《永嘉证道歌》:行亦禅,坐亦禅;语默动静体安然。

凡对圣,智对庸,吉兆对灾凶。悭贪[1]对喜舍[2],精进[3]对疏慵。诗玉骨,剑青锋,牛迹[4]对僧踪。一花开五叶[5],满月挂千松[6]。菩萨发心如雨润,龙天护法恰云浓。暮鼓晨钟,醒却三生梦客;经声佛号,圆成九品芙蓉。

---

[1] 悭贪:惜物而不与人,贪求而无饱足之心。《法华经方便品》曰:"若以小乘化乃至于一人,我则堕悭贪。"《中阿含经》卷三十一曰:"我见世间人,有财痴不施。得财复更求,悭贪积聚物。"

[2] 喜舍:(术语)又云净舍,净施等,喜施财宝也。

[3] 精进:(术语)又曰勤。小乘七十五法中大善地法之一,大乘百法中善心所之一。勇猛修善法,断恶法之心作用也。

[4] 牛迹:(杂语)牛行之迹也。谓佛为牛王,佛之教法为牛迹。《维摩经》弟子品曰:"无以大海内于牛迹。"

[5] 一花开五叶:初祖达摩传法给二祖慧可曰:"内传法印以契证心,外付袈裟以定宗旨。后代浇薄,疑虑竞生,但出此衣,并吾法偈,用以表明。听吾偈曰'吾本来兹土,传法救迷情。一花开五叶,结果自然成'。"

[6] 满月挂千松:佛德圆满譬如秋月圆满,又佛常应化世间,如一月遍挂千松。

## 三　江

松对竹，壁对窗，秽土[1]对乐邦[2]。青灯对黄卷，石塔对经幢。钟振振，鼓拟拟，唱念对梵腔。真如[3]心不二，寂灭[4]法无双。迦叶[5]明灯传万世，达摩[6]血脉付千江。行到水穷，自有清溪流霭；坐观云起，曾临绝顶飞淙。

---

[1] 秽土：（术语）犹言浊世也。对于净土而言。凡夫所居之娑婆世界谓之秽土。《观经妙宗钞》卷上曰："堪忍秽土，多受众苦。"

[2] 乐邦：（术语）安乐之邦土，称西方之极乐世界。天台《观经疏》序曰："夫乐邦之与苦域，金宝之与泥沙。"

[3] 真如：真者真实之义，如者如常之义，诸法之体性离虚妄而真实，故云真，常住而不变不改，故云如。《成唯识论》卷二曰："真谓真实，显非虚妄。如谓如常，表无变易。谓此真实于一切法，常如其性，故曰真如。"

[4] 寂灭：（术语）寂灭为梵名涅槃之译语，其体寂静，离一切之相，故云寂灭。

[5] 迦叶：亦称摩诃迦叶，为佛十大弟子之一，以"头陀第一"著称。身有金光，映蔽余光使之不现，故亦名饮光。在灵山会上，受佛正法眼藏，传佛心印，为禅宗之初祖。生平修头陀行，遵佛嘱于鸡足山入灭尽定，待弥勒佛出世时，传佛僧伽梨衣。

[6] 达摩：菩提达摩的简称，印度人，梁武帝时泛海到达中国的广州，武帝迎至建业，因与武帝话不投机，遂渡江入魏，在嵩山少林寺面壁九年，为中国禅宗之始祖，圆寂于东魏天平以前，葬熊耳山。

旌对旆，盖对幢[1]，宝烛对银釭。讽吟对诵念，起字对举腔。临古寺，倚禅窗，锡杖[2]对金缸[3]。孤身游大漠[4]，一苇渡长江[5]。勇上天台将虎伏，亲临东海把龙降。体寂超凡[6]，共入毗卢性海[7]；心空及第[8]，同生极乐莲邦。

---

[1] 旌、旆、盖、幢：皆佛教庄严供具。

[2] 锡杖：菩萨头陀十八物之一，上有四股十二环，表四谛十二因缘之义。比丘向人乞食，到门口，便振动锡杖上的小环作声，以让人知道。

[3] 金缸：代指钵盂。

[4] 孤身游大漠：唐玄奘法师西行取经，孤身游于大漠。

[5] 一苇渡长江：达摩祖师因与梁武帝话不投机，一苇渡江入于嵩山。

[6] 体寂超凡：指脱离色身肉体，出离生死，超凡入圣。

[7] 毗卢性海：梵语毗卢遮那，华译为遍一切处，法性遍一切处，好像无涯的大海。

[8] 心空及第：庞蕴居士出马祖门下，呈偈马祖，称赞江西禅风之盛："十方同聚会，个个学无为；此是选佛场，心空及第归。"

经对咒，律对腔，佛殿对禅窗。觉知[1]对作意[2]，虑散对心降[3]。铁锡杖，紫金缸，宝盖对幡幢。百川归大海，一月印千江[4]。鹫岭[5]花开春正茂，莲池鱼戏水飞淙。四海名流，故号文宗独步；弥天释子，因称国士无双[6]。

---

[1] 觉知：（术语）具言见闻觉知，眼识之用为见，耳识之用为闻，鼻、舌、身三识之用为觉，意识之用为知，又云识。

[2] 作意：（术语）心所名，如时所说之注意，相应于一切之心而起者，具使心惊觉而趣所缘之境之作用。《俱舍论》卷四曰："作意，谓能令心惊觉。"《成唯识论》卷三曰："作意，谓能惊心为性，于所缘境引心为业。"

[3] 降：音祥，降伏。

[4] 一月印千江：一个月亮却能同时能在千江显现，喻佛亦能千百亿化身。

[5] 鹫岭：旧称耆阇崛山，新称灵鹫山，简称灵山。许多大乘的经典都是在这座灵山上宣说的。

[6] 四海诸句：襄阳名士习凿齿以口舌锋利著于时世，见道安法师时，习凿齿自称："四海习凿齿，"喻声名远播四海；道安回道"弥天释道安"，喻声名弥漫人天。

## 四 支

缁对素[1],女[2]对尼,乞士[3]对禅师。高僧对方丈[4],释子[5]对檀施[6]。增智慧,长悲慈,观想[7]对闻思[8]。神清澄水月,性静好山诗。戒体[9]光明如曜日,清珠朗润胜琉璃。三有[10]均资,允作菩提之愿;四恩[11]总报,堪为佛果之期。

---

[1]  缁、素:缁是紫黑色,素是白色,僧着紫黑衣,俗人多着白色,故号僧俗为缁素。

[2]  女:代指信女。

[3]  乞士:比丘三义之一,因比丘向人乞食,以养色身,故名"乞士"。

[4]  方丈:寺院的住持和尚。相传维摩居士所住的石室,长宽只有一丈,方丈之名,即是由此而来。

[5]  释子:(杂名)释迦佛之弟子也。从释迦师之教化而出生,故名释子。

[6]  檀施:(术语)檀是梵语,译曰施。是梵汉双举之俗语。

[7]  观想:即集中心念以观想真理。

[8]  闻思:具云闻思修,即闻慧、思慧、修慧。闻慧是听闻佛法能生智慧;思慧是思维佛理能生智慧;修慧是勤修禅定能生智慧。

[9]  戒体:僧人或在家居士授受戒法之后,受者体中,得到一种防非止恶的功能,谓之"戒体",此戒体虽属色法,但外表无相,故又名"无表色"。

[10] 三有:即指三界,因欲界、色界、无色界的众生,具备生死有因有果,所以叫作"三有"。

[11] 四恩:父母恩(家庭)、众生恩(社会)、国土恩(国家)、三宝恩(宗教)。

迷对悟,昧[1]对痴,有执对无知。皈依[2]对持戒[3],供养对布施。清凉地,智慧诗,刹海对须弥。真空圆众妙[4],绝相断群疑[5]。四大天王威赫赫,当中弥勒[6]笑嘻嘻。祖印相传,荷负如来之家业;禅灯遍照,亲为古佛之常随。

---

[1] 昧:愚昧。

[2] 皈依:即皈向、依靠、救度之义。皈依佛、皈依法、皈依僧,叫作"皈依三宝",也叫作"三皈依"。

[3] 持戒:(术语)六度之一。受持戒律而不犯触也。

[4] 真空圆众妙:非空之空,空而不空,非如小乘偏执之但空,谓之"真空";非有之有,有而不有,非如凡夫妄计之实有,谓之"妙有"。真空而能生万法,妙有而一切皆如,这是"真空妙有"的含义。

[5] 绝相断群疑:语出《金刚经》之赞,"断疑生信,绝相超宗"。

[6] 弥勒:菩萨名,华译为"慈氏",这是他的姓,他的名字叫"阿逸多"华译为"无能胜",他的姓和名合起来,是"慈悲无人能胜过他",就是具足大慈大悲,没有人能超过他。现住在兜率天内院,是一生补处菩萨,将来当于住劫中之第十小劫,人寿减至八万岁时,下生此界,继释迦牟尼佛之后,为贤劫之第五尊佛。

生对死，老对疲，贫病对寒饥。无缘[1]对同体[2]，增上对加持。怨憎会[3]，爱别离[4]，畏惧对孤疑。空拳诳小子[5]，黄叶止啼儿[6]。弃染[7]超凡成道种，出尘遁世纵天资。云点太虚，十里春风临妙境；神游物外，一轮秋月挂峨眉。

---

[1] 无缘：即无系属关系的众生，佛具大慈心，虽与众生无缘，但是也发大慈心而救渡之。

[2] 同体：指观一切众生与自己同一体，视他人的痛苦就是自己的痛苦，而生起拔苦与乐、平等绝对之悲心。

[3] 怨憎会：八苦之一。我所怨憎之人或嫌忌之事物，每相会之苦也。《涅槃经》卷十二曰："怨憎会苦，所不爱者而共聚集。"

[4] 爱别离：八苦之一。别所爱者之苦痛也。如妻别夫时之苦痛是。

[5] 空拳诳小子：空手作拳以诳小儿也，《宝积经》卷九十曰："如以空拳诱小儿，示言有物令欢喜。"

[6] 黄叶止啼儿：（譬喻）以杨树之黄叶为金，与小儿以止其啼。譬佛说天上之乐果以止人间之众恶也。

[7] 染：杂染，如惑、业、苦。众生由迷惑而造业，因业而受苦，因苦又再迷惑造业，不停地恶性循环，故是生死相续的因果。

## 五　微

贤对圣,是对非,梵刹对僧扉。长幡对壁彩,锦幄对云帏。迎晓日,送余晖,下降[1]对西归[2]。遮身寻粪扫[3],充腹采薪薇[4]。建寺安僧怀武帝[5],焚经谤佛有郗妃[6]。万德[7]光中,莲界[8]香风荡荡;千华台上[9],如来宝相巍巍。

---

[1]　下降:菩萨来人间度化谓之下降。

[2]　西归:达摩祖师传完禅法后只履西归。

[3]　粪扫:又名衲衣,乃火烧衣、牛嚼衣、鼠啮衣、死人衣、月水衣等之衣,印度人忌讳,故弃之,因取人家此种弃之不用与拭粪秽物差不多的衣片,洗净之后补衲成衣,故名"粪扫衣",为十二头陀行之一。粪扫衣之功德,在于使人离贪着。

[4]　充腹采薪薇:语出《瑜伽焰口》,"遮身服毳衣,充腹采薪薇",这里意为捡拾粪扫衣遮身,采山上的果蔬充饥。

[5]　武帝:即梁武帝,崇信佛教,据唐道世《法苑珠林》卷一百二十记载:梁有寺2846所,僧尼82700人,梁武帝以建寺安僧著名。

[6]　郗妃:梁武帝的宠妃郗氏娘娘,因毁谤三宝而堕为蟒身,后祈梁武帝为其造《梁皇宝忏》忏悔,脱蟒身而上升天道。

[7]　万德:谓佛之圆满具备万种德性。

[8]　莲界:极乐世界的别称。

[9]　千华台:圆满报身卢舍那佛所坐的千叶莲花台,《梵网经》云:"我今卢舍那,方坐莲花台。周匝千花上,复现千释迦。一花百亿国,一国一释迦。各坐菩提树,一时成佛道。"

言对语,谤对诽,面见对瞹违。利衰对苦乐,毁誉对称讥[1]。甘露水[2],福田衣[3],逗教对观机。仙音天上有,梵乐世间稀。泰寺舍身[4]云淡淡,嵩山断臂[5]雪霏霏。教化扶桑,至此三衣东渡[6];相逢葱岭,原来只履西归[7]。

---

[1] 利衰诸句:世间八法,即利衰苦乐毁誉称讥。利是令人得意的事,衰是令人失意的事,毁是背后被人毁谤,誉是背后被人称誉,称是当面被人称誉,讥是当面被人讥讽,苦是身心的各种痛苦,乐是身心的各种快乐。因此八法常为世人所爱憎,而且又能煽动人心,所以喻之为"八风"。

[2] 甘露水:(喻)如来所说的真理教法,因其教法如人在热天喝了清凉的水,热恼消除,心意快乐。

[3] 福田衣:(衣服)袈裟之总名。袈裟之条相,作田畦之形,故云福田衣。又僧为三福田之一,故名僧衣为福田衣。

[4] 泰寺舍身:梁武帝曾三次舍身同泰寺,后由大臣赎回。

[5] 嵩山断臂:二祖慧可曾在嵩山断臂求取禅宗"不立文字,教外别传"的大法。

[6] 三衣东渡:鉴真和尚六次东渡扶桑(日本),使佛教的戒律逐步趋于完整。三衣,即五衣、七衣、祖衣指代佛教的完备的戒律。

[7] 只履西归:相传达摩祖师坐化后葬在熊耳山,后有魏国使者宋云在葱岭与之相遇,言往西天而去。宋云回国后具告其事,启开坟圹后只剩下一只革履。

僧对道，瘦对肥，凛肃对神威。禅修[1]对净业[2]，五戒[3]对三皈[4]。听妙法，赏芳菲，朝露对夕晖。天香花乱坠，龙吐雨斜飞。万相原空皆幻化，无明[5]未断有余依[6]。常观往事三千，生生灭灭；葬尽浮生所有，是是非非。

[1] 禅修：禅宗的修习方法。

[2] 净业：净土宗的修习方法。

[3] 五戒：即不杀生、不偷盗、不邪淫、不妄语、不饮酒五条戒律。

[4] 三皈：即皈依佛、法、僧三宝。

[5] 无明：不明白道理，亦即愚痴的别名。

[6] 有余依：即是有余依涅槃，依小乘的说法，阿罗汉惑业已尽，生死已了，但身体尚在，名"有余涅槃"，或"有余依涅槃"，言其生死之因虽尽，但还余有漏的依身在，待到依身亦亡，则名"无余涅槃"或"无余依涅槃"。

## 六　鱼

因对果，实对虚，法本对经书。长行[1]对重颂[2]，论议[3]对章疏[4]。寒寺蔽，草庵墟，精舍对茅庐。厨香烹野味，灶暖煮山蔬。紫竹林[5]中观水月[6]，莲花池畔戏游鱼。初心不忘，才识得本来面目[7]；壮志当酬，早知闻自性[8]真如。

---

[1] 长行：谓经文中，直宣说法相，而不限定字句之文句。以文句之行数长故也。是对于偈颂之称，十二分教之中第一修多罗是也。

[2] 重颂：十二分教之一，梵语祇夜 Geya，译曰重颂。既宣说于上，更以偈颂结之也。法华经序品曰："欲重宣此义，以偈问曰。"

[3] 论议：问答而分别诸法也。《涅槃经》卷三十六曰："乐论议者处五净居。"宋译《楞伽经》卷一曰："藏识灭者，不异外道断见论议。"

[4] 章疏：分篇章而论法门云章。如《大乘义章》《法苑义林章》等。通释经论之文句云疏。又称述记，义记等。《寄归传》卷四曰："经典章疏皆不可分，当纳经藏四方僧共读。"

[5] 紫竹林：观音菩萨的住处。

[6] 水月：水中之月。水月有影无实，以喻诸法无有实体。又观音菩萨常观水月，故有水月观音，此处代指观音。

[7] 本来面目：指自己的自性。离开了一切的烦恼和染污，就是自己的本来面目。

[8] 自性：一指自体的本性，亦即诸法各自具有真实不变、清净本然之个性；二指自己之本性，亦即人人本来具有之佛性。

耕对作，种对锄，福地[1]对灵墟[2]。风吹对雨打，雾起对云舒。归箬笠，隐樵渔，野宿对山居。林空观雪月，夜静览诗书。九夏松高成妙境[3]，三冬草寂创云庐。保任禅心[4]，弘誓[5]千言终不改；勤参佛性[6]，灵明一点愿如初。

---

[1] 福地：寺院之德号，生福德之地域也。

[2] 灵墟：灵感的道场。

[3] 妙境：不思议之境界也。谓以观法之智慧观之，则一一之法，皆备实相之理也。

[4] 禅心：寂定之心也。李颀《题璇公山池诗》曰："片石孤峰窥色相，清池皓月照禅心。"刘长卿《宿北山禅寺兰若诗》曰："密行传人少，禅心对虎闲。"

[5] 弘誓：弘大的誓愿。《无量寿经》说："发斯弘誓，建此愿已，一向专志，庄严妙土。"

[6] 佛性：佛者觉悟也，一切众生皆有觉悟之性，名为佛性。

欣[1]对喜，智对如，法界对太虚[2]。僧鞋对布袜，短褂对长裙。红菡萏[3]，雪芙蕖，挑担对荷锄。垂慈心永济，接引手常舒。念念菩提皆长养，重重障碍悉消除。请转法轮[4]，勿使鹫山[5]荆棘；祈求住世[6]，何堪鹿苑[7]丘墟。

---

[1] 欣：欣尚之意，心所名，对于厌而言，即令心欣慕功德之精神作用也。

[2] 太虚：浩浩宇宙之虚空也，毕竟无为无物，故云顽空，偏空，太虚空。以譬小乘之涅槃，而别于大乘涅槃之妙空第一义空。

[3] 菡萏：莲花欲舒貌。

[4] 转法轮：佛之教法，谓之法轮。说教法，谓之转法轮。轮者，转轮圣王之轮。宝，有回转与碾摧之二义，回转四天下，碾摧诸怨敌。佛之教法，亦回转一切众生界，摧破诸烦恼，故譬之曰法轮。轮者，譬说教法。转自心之法，而移他之心，恰如转车轮也。

[5] 鹫山：即灵鹫山。

[6] 住世：谓诸佛、菩萨、声闻、缘觉诸善知识，将欲入灭，我悉劝请，久住于世，利乐众生，故云请佛住世。

[7] 鹿苑：即鹿野苑，佛于菩提树下说《华严经》后，至波罗奈国之鹿野苑对五比丘说《阿含经》，是为小乘三藏教之初。

## 七 虞

空对色，有对无，罗汉[1]对凡夫。观音对地藏，弥勒对文殊。闻妙法，灌醍醐，宝鼎对香炉。四生[2]登九品[3]，六道[4]出三途[5]。尊者袒肩[6]行跪礼，如来洗足结跏趺[7]。本自清凉[8]，心纳千重胜义；原来富贵，胸藏无价明珠。

---

[1] 罗汉，即阿罗汉，小乘极悟之位名。一译杀贼。杀烦恼贼之意；二译应供，当受人天供养之意；三译不生，永入涅槃不再受生死果报之意。《智度论》卷三曰："阿罗名贼，汉名破。一切烦恼破，是名阿罗汉。"

[2] 四生：胎生、卵生、湿生、化生。胎生是在母胎内成体之后才出生的生命，如人类是；卵生是在卵壳内成体之后才出生的生命，如鸟类是；湿生是依靠湿气而受形的生命，如虫类是；化生是无所依托，只凭业力而忽然而生的生命，如诸天和地狱及劫初的人类是。

[3] 九品：往生西方极乐世界的九种品类，即上上、上中、上下、中上、中中、中下、下上、下中、下下。

[4] 六道：天、人、阿修罗、畜生、饿鬼、地狱。因此六者是一切众生乘业而趣向之处，故又名"六趣"。

[5] 三途：血途、刀途、火途。血途是畜生道，因畜生常在被杀，或互相吞食之处；刀途是饿鬼道，因饿鬼常在饥饿，或刀剑杖逼迫之处；火途是地狱道，因地狱常在寒冰，或猛火烧煎之处。此三途就是三恶道的别名。

[6] 袒肩：挂袈裟而偏袒右肩，是表比丘恭敬尊者之相也。《释氏要览》曰："律云：一切供养，皆偏袒，示有便于执作也。"《法华经》曰："偏袒右肩，右膝著地。"

[7] 跏趺：结跏趺坐也。《无量寿经》卷上曰："跏趺而坐，奋大光明。"

[8] 本自清凉：众生原具佛性，不受众苦逼迫，故本自清凉。

清对静,浊对污,锡杖对明珠[1]。四生对九有[2],八难[3]对三途。参水月,礼浮屠[4],妙供[5]对天厨。情禅[6]原不二,性相[7]本无殊。养性修身行日月,参禅问道走江湖[8]。一念清凉,即是人间智者;片心躁动,乃为世上凡夫。

[1] 明珠:明月珠也,又曰明月摩尼。宝珠之光如明月,故名。此珠有澄浊水之德。《涅槃经》卷九曰:"譬如明珠置浊水中,以珠威德,水即为清。"

[2] 九有:三界中有情乐住的地方共有九所,叫作九有情居,或九众生居,简称九有,或九居,即欲界之人与六天、初禅天、二禅天、三禅天、四禅天中之无想天、空处、识处、无所有处、非想非非想处。

[3] 八难:八个见闻佛法有障碍的地方和情形,即:地狱、饿鬼、畜生、北俱卢洲、无想天、盲聋喑哑、世智辩聪、佛前佛后。此中地狱饿鬼畜生属三恶道,因业障太重,很难见闻佛法;北俱卢洲人,福分很大,但不晓得佛法,故不能了生脱死;无想天是外道所生的地方,那里的人也是不能了生脱死;患了盲聋喑哑的人,自然见闻不到佛法;世智辩聪是世人仗着小聪明,不肯虚心修行,甚至还会毁谤佛法;生在佛出世前或佛涅槃后,都见不到佛和听不到佛法。

[4] 浮屠:亦作浮图,休屠。按浮屠浮图。皆即佛陀之异译。佛教为佛所创。古人因称佛教徒为浮屠。佛教为浮屠道。后并称佛塔为浮屠。

[5] 妙供:殊妙之供养也。《秘藏宝钥》卷上曰:"八供天女,起云海于妙供。"

[6] 情禅:情之禅,情是众生的妄念,禅是众生的真心。

[7] 性相:性者法之自体,在内不可改易也。相者相貌,现于外可分别也。有为无为相对,则无为法为性,有为法为相。而有为无为皆有性相,自体云性,可识云相。

[8] 走江湖:六祖门下二法匠,青原行思在江西传法,南岳怀让在湖南传法,禅人多往参学,谓之走江湖。

迷对悟，昧对愚，海众[1]对群儒。千差对万有，异路对殊途。持铁棒，束金箍，火眼对金躯[2]。阿难[3]斋焰口[4]，百丈度野狐[5]。帝释皈依凭刹那[6]，龙身证道在须臾[7]。都摄六根[8]，眼耳诸行多妄有；肃清三毒[9]，贪嗔万念等皆无。

--------

[1] 海众：众僧一味和合，譬如海也。《释氏要览》卷下曰："海众，增一经云：众僧如彼大海，流河决水以入乎海，便灭本名，但有大海之名。"

[2] 铁棒、金箍、火眼、金躯：前两者指《西游记》中孙悟空的金箍棒和紧箍，后两者指孙悟空在太上老君的炼丹炉里炼就了火眼金躯。

[3] 阿难：佛的侍者阿难尊者，号多闻第一。

[4] 焰口：饿鬼名。阿难独坐静室，其夜三更，见一饿鬼，名焰口。身体枯瘦，咽如针，口吐火焰。告阿难曰："却后三日汝命尽，将生饿鬼中。"阿难恐，问免苦之方便。鬼曰："汝明日为我等百千饿鬼及诸婆罗门仙人等各施一斛食，且为我供养三宝，则汝得增寿，我得生天。"阿难以白佛。佛即说陀罗尼曰：诵此陀罗尼，能使无量百千施食充足。见《焰口饿鬼经》。焰口亦名面然。

[5] 百丈度野狐：（公案）百丈上堂，常有一老人听法，随众散去。一日不去，丈乃问立于前者何人。老人云：某甲，于过去迦叶佛时曾住此山。有学人问：大修行底人还落因果无？某甲答他道：不落因果。后五百生堕野狐身。今请和尚代某甲下一转语，使脱野狐身。丈曰：不昧因果。老人于言下大悟，礼拜曰：某甲既脱野狐身，遂住在山后，依亡僧之事例。师使维那白槌告众曰：食后送亡僧。大众言议，一众皆安，涅槃堂亦无病人，何故如是。食后只见师领众至山后岩下，以拄杖指出一死狐，依法火葬之。师至晚上堂，举前因缘。

[6] 帝释皈依凭刹那：帝释即天帝释，《法句经》云：昔有天帝自知命终生于驴中，愁忧不已，云救苦厄者唯佛世尊，便至佛所稽首伏地，归依于佛。未起之间，其命便终，生于驴胎。

[7] 龙身证道在须臾：八岁龙女，由于受持《法华经》功德而即身成佛。据《法华经卷四提婆达多品》载，龙女即娑婆竭罗龙王之女，年甫八岁，智慧猛利，诸佛所说甚深秘藏悉能受持，更于刹那顷，发菩提心，得不退转！复以一宝珠献佛，以此功德愿力，忽转女成男，具足菩萨行。刹那顷住于南方无垢世界，坐宝莲华中，成正等觉，具足三十二相、八十种好，广为人天说法，娑婆世界之菩萨、声闻、天龙八部、人、非人等，皆遥见而欢喜敬礼！

[8] 都摄六根：都即都管，摄即摄受，使六根眼耳鼻舌身意清净。

[9] 三毒：贪、嗔、痴。贪是贪爱五欲，嗔是嗔恚无忍，痴是愚痴无明，因贪嗔痴能毒害人们的身命和慧命，故名"三毒"，这也是一切烦恼的根本。

## 八 齐

行对住,止对栖,月落对乌啼。弃舟[1]对登岸,得兔对忘蹄。同证悟,共超跻,苦趣[2]对泥犁[3]。水流终入海,日落复归西。赫显神威骑巨象[4],丰严勇猛驾飞猊[5]。历经九夏三冬,百年风雨;行遍千山万水,一路云霓。

---

[1] 弃舟:《金刚经》以舟筏为比喻对于法的执着,当我们渡到对岸后就不需要再背着舟筏了。

[2] 苦趣:指地狱、恶鬼、畜生三恶道。

[3] 泥犁:地狱的别称。

[4] 巨象:指普贤菩萨的坐骑是六牙白象。

[5] 飞猊:指文殊菩萨的坐骑是青色狮子。

邪对正，惑对迷，法眼[1]对菩提。敲钟对鸣磬，野宿对山栖。登觉岸[2]，上天梯，证悟[3]对参稽[4]。结莲从慧远[5]，反佛首昌黎[6]。南岳当时传马祖[7]，黄梅夜半付曹溪[8]。原因降伏四魔[9]，金刚[10]目怒；只为慈悲六道，菩萨眉低。

---

[1] 法眼：菩萨之眼，能够清楚地见到一切法妙有的道理，为五眼之一。

[2] 觉岸：觉悟的彼岸，即佛的境界。众生漂流于苦海之中，故以觉悟为彼岸。

[3] 证悟：证知和悟解。

[4] 参稽：参悟和稽核。

[5] 结莲从慧远：东晋高僧慧远居庐山，与刘遗民等结莲同修净土，中有白莲池，因号莲社。

[6] 反佛首昌黎：唐宋八大家之首韩愈，因对当时李唐帝王的迎请奉供舍利活动不满，曾写《谏迎佛骨表》劝谏皇帝。

[7] 南岳当时传马祖：六祖慧能大师门下南岳怀让禅师将禅法传于马祖道一禅师。

[8] 黄梅夜半付曹溪：五祖弘忍大师于夜半时分传法给六祖慧能大师。

[9] 四魔：烦恼魔、五阴魔、死魔、天魔。烦恼魔指贪嗔痴等习气能恼害身心；五阴魔指色受想行识等五蕴能生一切之苦；死魔指死亡能断人之生存命根；天魔能坏人善事的天魔外道，如欲界自在天之魔王是。

[10] 金刚：执金刚神的简称，又名金刚手，或金刚力士等，即手持金刚杵以护持佛法的神祇。

高对下,远对低,正等[1]对平齐[2]。琢磨对写意,镌刻对跋题。悲瑟瑟,惨凄凄,剑树[3]对蒺藜。英雄伤迟暮,良马失前蹄。百杵晨钟僧入殿[4],三通暮鼓月移西[5]。莲花朵朵盛开,齐成正果[6];佛号声声不断,早证菩提。

---

[1] 正等:即正等觉,梵语三藐三菩提,汉译为正等正觉,即真正平等的觉悟的意思。

[2] 平齐:语出《宏智禅师广录》,"法法平齐。随高就低。南日蜀葵向。北风胡马嘶。"

[3] 剑树:十六小地狱之一。《长阿含第十九地狱品》曰:"久受苦已,乃出豺狼地狱,悼惶驰走,求自救护。宿罪所牵,不觉忽至剑树地狱。"

[4] 百杵晨钟僧入殿:僧人早上以晨钟一百零八响报时,随后入于大殿礼佛。

[5] 三通暮鼓月移西:僧人在夜里三通暮钟后,全寺休息。

[6] 正果:学佛人精修有得,叫作"证果",因与外道的证果有别,所以叫作"正果"。果是形容好像果子一样已经成熟了。

## 九　佳

粗对淡，素对斋，烧火对劈柴。缁衣对麻布，竹杖对芒鞋。留佛骨[1]，忘形骸，天路对云阶。行山[2]开眼界，觉路[3]满襟怀。万寂山林僧影瘦，千澄镜水月光佳。直截根源[4]传法脉，真香[5]永爇；亲承妙悟利恒沙，祖印无乖。

---

[1] 佛骨：舍利子。

[2] 行山：修行如越高山。

[3] 觉路：正觉之道路。

[4] 直截根源：《永嘉证道歌》云"直截根源佛所印，寻枝摘叶我不能"，意指禅宗一脉是从佛根源处所传，非从枝叶所寻。

[5] 真香：戒定之香，方为真香。

花对草，杏对槐，鬼使对神差。肃恭[1]对秉奉[2]，圆满对和谐。风抱树，月盈怀，惨雾对深霾。舟轻凭自渡[3]，米熟尚须筛[4]。廿四诸天[5]呈妙供，三千罗汉应清斋。五蕴悉空诸相寂，灵山有径；三心[6]未了一情牵，苦海[7]无涯。

---

[1] 肃恭：《楞严经》云"严整威仪，肃恭斋法"。

[2] 秉奉：秉持，奉守。

[3] 舟轻凭自渡：六祖从五祖弘忍大师处得衣钵后，五祖欲摇船送六祖渡过长江往南。六祖说："迷时师渡，悟时自渡。"

[4] 米熟尚须筛：六祖在黄梅学法，五祖问他米熟了吗，意指根器成熟了吗，六祖答米熟久矣！只是还欠筛分。

[5] 廿四诸天：斋天仪轨所呈列二十四诸天众。

[6] 三心：过去心、现在心、未来心，因心念如流水般念念迁变，不可暂停。

[7] 苦海：众生在六道之中生死轮回，备受种种的痛苦，好像沉溺于无边无际的大海之中一样。

承对顺,背对乖,肩靠对紧挨。山尖对水岸,海角对天涯。花自舞[1],雁成排[2],庭柏对寺槐。登山凭竹杖,涉水只芒鞋。一片诗心尘寄梦,千年景物事萦怀。忏尽情禅[3]空色相[4],福田久种;正观蕴处[5]寂身心[6],道种[7]深埋。

---

[1] 花自舞:诸佛讲法,感来飞天散花,花皆自舞。

[2] 雁成排:佛经字列成行。《法宝赞》云:似排秋雁成行。

[3] 情禅:情禅是指虽落入世间的情感之中但仍然禅机无限。

[4] 色相:谓色身之相貌现于外而可见者。

[5] 蕴处:蕴即五蕴,又名五阴,即色、受、想、行、识,为众生之心身。处即十二处,又名十二入,即六根对六尘之处。指代生命的存在现象。

[6] 身心:有情之正报。

[7] 道种:能成佛道的种子。

## 十　灰

光对寿[1]，法对财[2]，法鼓对云雷。浮名对功利，世事对尘埃。离八难，出三灾，希有[3]对奇哉[4]。禅风常布露，诗意独徘徊。龙树[5]传心千圣悟，天亲[6]造论万邪摧。千函妙法真经，宗风浩浩[7]；百亿莲华海藏，佛德巍巍[8]。

---

[1] 光、寿：阿弥陀佛译为无量光、无量寿，光代表着智慧，寿代表着福德。佛以福德与智慧为两足，故曰两足尊。

[2] 法、财：佛教以法、财为布施物。

[3] 希有：《金刚经》称佛为希有世尊。

[4] 奇哉：奇哉善现，即须菩提尊者。

[5] 龙树：龙树为西天禅宗第十四代祖师。又称为八宗之祖。

[6] 天亲：又名世亲，为无著菩萨之弟，生于佛灭后九百年间的印度阿逾陀国，造俱舍、唯识等大小乘论各五百部，被号为"千部论主"。

[7] 千函二句：天台宗以《妙法莲华经》为主依经典，宗风庞博广大。

[8] 百亿二句：华严宗以《大方广佛华严经》为主依经典，经中有百亿莲华藏世界之描述。

痴对笑，苦对哀，菩萨对如来。无惊对不怖[1]，免难对消灾。山水客，栋梁材，故道对苍苔。唐僧游竺国[2]，智者化天台[3]。科判[4]五时禅不二，经分八教法全赅。仗佛加持，四众[5]唯求生乐土[6]；蒙光接引[7]，群伦[8]普愿出尘埃。

---

[1] 无惊、不怖:《金刚经》云:"若复有人得闻是经，不惊不怖不畏，当知是人甚为希有。"

[2] 唐僧游竺国：唐僧即唐玄奘大师，曾游历参学印度。

[3] 智者化天台：智者大师在浙江天台山开创了天台宗。

[4] 科判：（术语）判释释迦一代之教相也。天台判释迦牟尼一代教法为五时八教，有华严、阿含、私判方等、般若、法华涅槃五时，藏、通、别、圆四教（化法）与顿、渐、秘密、不定四教（化仪），总称八教。

[5] 四众：指佛教之四众弟子，即比丘、比丘尼、优婆塞、优婆夷。

[6] 乐土：安乐之国土，如极乐世界等。

[7] 接引：接取引导人也。《观无量寿经》曰："以此宝手接引众生。"

[8] 群伦：犹言群生，即一切众生也。

疑对悟，断对裁。意解对心开。出家[1]对成道[2]，转世[3]对托胎[4]。观自在[5]，笑痴呆[6]，明了对善哉[7]。慈悲消罪业，定慧聚资财。横出四生[8]休辗转，顿超三界免轮回。慈誓摄身，十念往生[9]诸刹海；净光照我，一心皈命九莲台[10]。

---

[1] 出家：出离在家之生活，修沙门之净行也。《维摩经弟子品》曰："我听佛言，父母不听，不得出家。"《同方便品》曰："维摩诘言：然汝等便发阿耨多罗三藐三菩提心是即出家。"《释氏要览》卷上曰："毗婆沙论云：家者是烦恼因缘，夫出家者为灭垢累，故宜远离也。"《梵语杂名》曰："出家，波吠你耶。"

[2] 成道：化佛八相中之第六。于菩提树下金刚座上成无上菩提之相也，但四教成佛之相各异。

[3] 转世：于前生得预流果一来果后，转身而为今生得不还果之圣者。此人不入色，无色界。直即般涅槃。

[4] 托胎：托于母胎也。如来八相之一，乘六牙白象自兜率天下，从母之右胁入而托胎也。

[5] 观自在：观音菩萨的别名，因观音菩萨无论是自利或利人，都能得到大自在。

[6] 笑痴呆：指弥勒佛，赞曰：弥勒佛化痴呆，街头上等个人来，手提布袋笑盈腮，张海口畅心怀，三界无安不可住，几时铁树花开。常日稳坐待当来，补处上莲台。

[7] 善哉：（杂语）梵语娑度 Sādhu，意译曰善哉。称赞之辞也。《法华经方便品》曰："梵音慰喻我，善哉释迦文！"《同譬喻品》曰："善哉善哉！如汝所言。"

[8] 四生：胎生、卵生、湿生、化生。胎生是在母胎内成体之后才出生的生命，如人类是；卵生是在卵壳内成体之后才出生的生命，如鸟类是；湿生是依靠湿气而受形的生命，如虫类是；化生是无所依托，只凭业力而忽然而生的生命，如诸天和地狱及劫初的人类是。

[9] 十念往生：《观无量寿经》中所说的下品下生者的往生法，就是造诸恶业的凡夫，在临命终时，若遇到善缘的相助，急念十声的"阿弥陀佛"，就能够往生到西方极乐世界去。

[10] 一心句：慈云忏主《净土文》"一心皈命，极乐世界，阿弥陀佛，愿以净光照我"。

## 十一 真

　　龙对象，鬼对神，五盖[1]对六尘[2]。梵天[3]对帝释，真子[4]对孤臣[5]。身共住，利同均[6]，遗教对传薪。金绳[7]开大道，宝筏[8]度迷津。葱岭[9]西行求法者，鸡山[10]入定守衣人。离言绝相，智理圆融曰寂默[11]；断惑归真[12]，悲心普度号能仁[13]。

---

[1] 五盖：五种烦恼。盖就是烦恼的别名，因烦恼能盖覆人们的心性，使不生善法。五盖即贪欲、嗔恚、睡眠、掉悔、疑法。

[2] 六尘：色尘、声尘、香尘、味尘、触尘、法尘。尘染污之义，谓能染污人们清净的心灵，使真性不能显发。又名六境，即六根所缘之外境。

[3] 梵天：梵是清净的意思，为离淫欲之色界诸天的通名，今叫其中之初禅天主为大梵天。

[4] 真子：如来的真子，即诸菩萨。

[5] 孤臣：即如来的胁侍。

[6] 身共二句：此处引六和，即身和同住、口和无诤、意和同悦、戒和同修、见和同解、利和同均。

[7] 金绳：喻佛制戒律，如同金绳一样坚固不可移易。

[8] 宝筏：喻佛之妙法，能渡人从生死此岸到达涅槃彼岸。

[9] 葱岭：即今帕米尔高原（Pamirs，亦作 Pamir），中国古代称不周山、葱岭，古丝绸之路在此经过，西行天竺求法的法师也须从此经过。地处中亚东南部、中国的西端，横跨塔吉克斯坦、中国和阿富汗。是亚洲多个主要山脉的汇集处，平均海拔4000~7700米。

[10] 鸡山：即鸡足山，位于云南省大理市宾川县境内，相传迦叶尊者奉持如来法衣于此入定。

[11] 寂默：是"牟尼"的意译。

[12] 断惑归真：断除了贪、嗔、痴等诸烦恼之后，才能证悟至高无上之真理。

[13] 能仁：是"释迦"的意译。

尊对贵，富对贫，国瑞对家珍。三光[1]对九曜[2]，本命对元辰[3]。闻律法，戒贪嗔，证果对修因。金铃[4]声万里，宝杵[5]重千钧。三界无安如火宅[6]，一尘不染渡迷津[7]。无我无人无寿相[8]，灵光独耀[9]；亦空亦有亦因缘[10]，法界长春。

---

[1] 三光：色界之第二禅，有少光天、无量光天、光音天之三天，名曰三光。

[2] 九曜：即九执，《大日经疏》卷四曰："执有九种：即是日、月、水、火、木、金、土、七曜，及与罗睺、计都，合为九执。

[3] 本命、元辰：（术语）本命为当人之本命星。元辰为其人之生年。

[4] 金铃：即金刚铃（物名）法器之一，为惊觉诸尊，警悟有情而振之。其体坚固称为金刚，其柄为五钴形故称为五钴铃。

[5] 宝杵：即金刚杵，韦陀菩萨等护法天神手中所执持。

[6] 三界无安如火宅：谓在欲界、色界、无色界之三界中，不能求得真实之安宁。《法华经譬喻品》："三界无安，犹如火宅；众苦充满，甚可怖畏。"

[7] 迷津：迷之境界，即三界六道也。《西域记序》曰："廓群疑于性海，启妙觉于迷津。"

[8] 无我无人无寿相：《金刚经》云"若菩萨有我相人相众生相寿者相，即非菩萨"。

[9] 灵光独耀：一种参悟境界。百丈怀海禅师："灵光独耀，迥脱根尘。体露真常，不拘文字。心性无染，本自圆成。但离妄缘，即如如佛。"

[10] 亦空亦有亦因缘：龙树菩萨偈"因缘所生法，我说即是空，亦名为假名，亦名中道义"。

空对假，妄对真，浊世对红尘。萧梁[1]对刘宋[2]，北魏[3]对姚秦[4]。求法客[5]，译经人[6]，罗刹[7]对天神。仙人心寂忍[8]，释子口称贫[9]。兜率宫中为处士[10]，龙华会[11]上列从臣[12]。无央数劫[13]，地藏慈尊常普救；五十三参[14]，善财童子向南询。

---

[1] 萧梁：古朝代名，是由萧衍所建立的梁朝，以崇信佛教而闻名。

[2] 刘宋：古朝代名，由刘裕所建立，亦是佛教发展的主要时期，著名僧人昙无竭等。

[3] 北魏：古朝代名，由鲜卑族所建立，亦是佛教发展的重要时期，著名僧人菩提流支等。

[4] 姚秦：古朝代名，少数民族建立的政权，著名僧人有鸠摩罗什。

[5] 求法客：志求正法之人，著名西行取经僧人玄奘、义净等。

[6] 译经人：翻译佛经之人，著名译经僧如鸠摩罗什、玄奘等。

[7] 罗刹：恶鬼的总名，男的叫"罗刹娑"，女的叫"罗刹私"，或飞空，或地行，喜欢食人的血肉。

[8] 仙人心寂忍：忍辱仙人被歌利王节节肢解，而不起嗔恨心。

[9] 释子口称贫：《永嘉证道歌》云，"穷释子，口称贫，实是身贫道不贫"。

[10] 处士：原指有才德而隐居不仕的人，借指弥勒菩萨的胁侍。

[11] 龙华会：弥勒菩萨今在兜率天内院，将来下降人间成佛，在华林园龙华树下开法会，普度人天，叫作"龙华会"。

[12] 从臣：随从之臣。

[13] 无央数劫：央者尽也，无尽数之劫也，劫者极长时之名，记世界成坏之时节数目也。《无量寿经》上卷曰："无央数劫，积功累德。"《法华经·见宝塔品》曰："此佛灭度无央数劫。"

[14] 五十三参：《华严经·入法界品》说善财童子次第南游，参见五十三位善知识。

## 十二 文

风对月,雪对云,劳作对耕耘。清幽对岑寂,叆叇对氤氲。三乘教[1],五时分[2],缘觉对声闻。青山原不染,法界已蒙熏[3]。燃顶[4]焚身成戒体,剥皮刺血写经文。无上甚深微妙法[5],千生罕遇;真诚清净一如禅,旷劫精勤[6]。

---

[1] 三乘教:声闻、缘觉、菩萨三乘教法。

[2] 五时分:天台判教将释迦一代教法判为华严、阿含、方等、般若、法华涅槃共五时。

[3] 法界已蒙熏:引自《炉香赞》,"炉香乍爇,法界蒙熏"。

[4] 燃顶:即授戒时燃烧戒疤。

[5] 无上甚深微妙法:语出武则天开经偈,"无上甚深微妙法,百千万劫难遭遇,我今见闻得受持,愿解如来真实义。"

[6] 旷劫精勤:引自达摩祖师语录,"无上大法,旷劫精勤,难行能行,难忍能忍。"

腥对血，素对荤，增长[1]对多闻[2]。何求对胜解，念处[3]对正勤[4]。花绚烂，雨缤纷，禅影对云纹。千僧常护佑，诸佛普冥熏。半盏浮开金世界，一瓯惊退睡魔军。心融妙理，多宝重楼[5]涵玉轴；道契真如，维摩丈室[6]满清芬。

---

[1] 增长：南方增长天王。

[2] 多闻：北方多闻天王。

[3] 念处：四念处，又名四念住，即：身念处、受念处、心念处、法念处。身念处是观身不净；受念处是观受是苦；心念处是观心无常；法念处是观法无我。此四念处的四种观法都是以智慧为体，以慧观的力量，把心安住在道法上，使之正而不邪。

[4] 正勤：四正勤，已生恶令断灭、未生恶令不生、未生善令生起、已生善令增长。此四正勤就是精进，精进努力修习此四种道法，以策励身口意，断恶生善。

[5] 多宝重楼：即弥勒楼阁，《华严经》卷七十七曰："于此南方有国名海岸，有园名大庄严，其中有一广大楼阁名毗卢遮那庄严藏，从菩萨善根果报生。"卷七十九曰："尔时善财童子，恭敬右绕弥勒菩萨摩诃萨已，而白之言：唯愿大圣开楼阁门令我得入。时弥勒菩萨，前诣楼阁禅指出声，其门即开命善财入。善财心喜，入已还闭，见其楼阁广博无量同于虚空。"

[6] 维摩丈室：维摩居士之居室也。以其室广一丈而为四方，故有此名。

宾对客，主对君，汉褂[1]对南裙[2]。天音对瑞相，紫气对香云。烟渺渺，日曛曛，护法对将军。离生成喜乐[3]，辞世集悲欣[4]。肝胆超凡谁共宴[5]，机锋[6]卓尔不同群。性月圆明犹未落，虚空尽摄；真香戒定已初燃，诚意方殷[7]。

---

[1] 汉褂：即汉传僧侣所穿着的长短褂。

[2] 南裙：即南传僧侣所穿着的裤裙。

[3] 离生成喜乐：离生喜乐地，即色界之初禅天，因此天是脱离欲界之罪恶，而生喜乐二受之处，三界九地之一。

[4] 辞世集悲欣：弘一大师辞世时，写下"悲欣交集"四字。

[5] 肝胆超凡谁共宴：谓出家乃大丈夫事，超凡脱俗，世间无人能够同享禅乐法喜的盛宴。

[6] 机锋：禅宗用以比喻敏捷而深刻的思辩和语句。如宋·苏轼《金山妙高台》诗云："机锋不可触，千偈如翻水。"禅家多用机锋之言验证对方的悟道程度。机锋通常表现在对答之中，称为"机锋对敌"。

[7] 诚意方殷：语出《炉香赞》，"诚意方殷，诸佛现全身"。

## 十三 元

楼对殿,阁对轩,鹿苑[1]对祇园[2]。经疏对迷记,祖语对佛言。三涂苦[3],四重恩[4],教下对宗门[5]。寒潭移月影[6],古寺动风幡[7]。忉利天[8]中重设宴,法王座下又添孙[9]。六根同寂,灵鹫一花传法眼[10];八相圆成[11],娑罗双树演泥洹[12]。

---

[1] 鹿苑:即鹿野苑,在中印度的波罗奈国,是佛最初说四谛法度五比丘的地方。

[2] 祇园:祇树给孤独园之略,祇园精舍所在之处。给孤独者,须达多之译名。此园为须达长者所布施,故曰给孤独园。

[3] 三涂苦:涂者,途之义。一为火途,地狱趣猛火所烧之处。二为血途,畜生趣互相食之处。三为刀途,饿鬼趣以刀剑杖逼迫之处。

[4] 四重恩:父母恩(家庭)、众生恩(社会)、国土恩(国家)、三宝恩(宗教)。

[5] 教下、宗门:宗门专指以心传心之禅宗;教下则是指释迦佛教之下的一切理论和方法。八宗中,除了禅宗,其他都是教下。又宗门讲究明心见性,而教下则讲究大开圆解。

[6] 寒潭移月影:语出《菜根谭》"雁渡寒潭,雁过而潭不留影;风吹疏竹,风过而竹不留声。"

[7] 古寺动风幡:六祖至广州法性寺,值印宗法师讲《涅槃经》。时有风吹幡动,一僧曰风动,一僧曰幡动,议论不已。慧能进曰:"不是风动,不是幡动,仁者心动。"

[8] 忉利天:汉译三十三天,为欲界六天中之第二重天,其宫殿在须弥山顶,天主名释提桓因,居中央,他有三十二个天臣,分居忉利天之四方,连他自己的宫殿,共有三十三个天宫,所以叫作"三十三天"。此天一昼夜,人间已经一百年。

[9] 法王座下又添孙:语出《落发偈》,"金刀剃下娘生发,除却尘劳不净身。圆顶方袍僧相现,法王座下又添孙。"

[10] 法眼:即正法眼藏,佛的心眼彻见正法,名"正法眼",深广而万德含藏,叫作"藏"。

[11] 八相圆成:佛示现人间,有八种相,名八相成道。大乘所说的八相:降兜率、入胎、住胎、出胎、出家、成道、转法轮、入灭。小乘所说的八相是从兜率天下、托胎、出生、出家、降魔、成道、转法轮、入涅槃。此中大乘有住胎,无降魔,小乘有降魔,无住胎。

[12] 泥洹:即涅槃,又名灭度,是灭尽烦恼和度脱生死的意思。

晨对暮,暗对昏,前辈对后昆。悲心对圣量,教主对慈尊。身久住,法长存,正智对深恩。空山[1]求大道,法海[2]觅真源。幻影尘中新苦恨[3],轮回梦里旧烦冤[4]。能以清凉滋法界,大悲神咒[5];唯因自在印虚空,灵妙真言。

---

[1] 空山:佛教以空为究竟境界,故以山形容此境界的深广。

[2] 法海:佛法广大难测,譬之以海。《维摩经佛国品》曰:"当礼法海德无边。"

[3] 幻影尘中新苦恨:《金刚经》比喻人生如梦幻泡影一般极为短暂,但众生愚痴仍在此中不断增添新的苦恨。

[4] 轮回梦里旧烦冤:轮回的生命主体皆是过去业力习气所余,故多乘载着宿世的烦恼冤恨。

[5] 大悲神咒:千手陀罗尼之别名。《千手经》曰:"若能称诵大悲咒淫欲火灭邪心除。"

亲对友,寂对喧,业累[1]对尘烦。龟鼋对鱼鳖,鸽雀对鹭鸶。三界父[2],两足尊[3],净地对空门。花开山有色[4],雁去影无痕。唯识[5]疏钞文秘奥,中观[6]妙典义玄繁。百万酬偿[7],不忍众生沦苦趣;三千行愿[8],谁堪圣教尽坵垣[9]。

---

[1] 业累:业之系累,恶业之障害身者,与业魔同。

[2] 三界父:佛是一切人天导师,三界慈父。

[3] 两足尊:佛的尊号,因佛在两足的有情中是最尊最贵者。又两足是指佛福慧两足。

[4] 花开山有色:语出禅诗"远观山有色,近听水无声。春去华犹在,人来鸟不惊。头头皆显露,物物体元平。如何言不会,祇为太分明"。

[5] 唯识:又名唯心,谓世间诸法,皆心识所变现,因一切法皆不离心识,故名"唯识"。

[6] 中观:观中谛之理也。诸宗各以中观为观道之至极,法相宗以观遍计所执非有,依他圆成非空为中观,三论宗以观诸法不生不灭,乃至不来不去为中观,天台宗以观三千诸法——绝待为中观。

[7] 酬偿:即报恩。

[8] 行愿:身之行与心之愿。

[9] 坵垣:废墟。

## 十四 寒

文对教,理对禅,般若对涅槃。袈裟对大褂,云锦对金襕[1]。知梦醒,觅心安,念佛对修观。年轻身矫健,岁老步蹒跚,最胜醍醐[2]常自饮,无生妙曲[3]为谁弹。能断世间诸苦厄[4],金刚力大;悉摧天下众魔冤,宝剑[5]光寒。

---

[1] 云锦金襕:袈裟中的极品。

[2] 最胜醍醐:语出《涅槃经》十四卷,"譬如从牛出乳,从乳出酪,从酪出生苏,从生苏出熟苏,从熟苏出醍醐。醍醐最上,若有服者,众病皆除。所有诸药,悉入其中。善男子!佛亦如是。从佛出生十二部经,从十二部经出修多罗,从修多罗出方等经,从方等经出般若波罗蜜,从般若波罗蜜出大涅槃,犹如醍醐,言醍醐者喻于佛性。"

[3] 无生妙曲:涅槃之真理,无生灭,故云无生。因而观无生之理以破生灭之烦恼也。行人修此无生法门喻之谈曲。

[4] 能断世间诸苦厄:《金刚般若》的理性智慧能断除世间一切邪见烦恼及诸苦厄难。

[5] 宝剑:喻智慧如剑。

衣对袄,鼓对鞍,璎珞[1]对天冠[2]。情怡对性静,虑散对心宽。行念佛,坐参禅,放逸对轻安[3]。山前双虎踞,殿内九龙蟠。四大部洲[4]微芥子[5],三千刹土一毫端[6]。祖意西来谁可印,掀翻禅座[7];袈裟之外法何传,倒却刹竿[8]。

---

[1] 璎珞:用珠玉编成,挂在人身上的装饰品。

[2] 天冠:殊妙之宝冠,非人中所有,故云天冠。《观无量寿经》曰:"顶上毗楞伽摩尼宝以为天冠。"

[3] 轻安:是一种在禅定中感到身心轻松安详的状态。

[4] 四大部洲:在须弥山四周有四个大洲,东边的叫东胜神洲,南边的叫南赡部洲(就是我们现在所住的地方),西边的叫西牛贺洲,北边的叫北俱卢洲。

[5] 芥子:《维摩经不可思议品》中云"芥子能够容纳须弥山"。

[6] 三千刹土一毫端:语出《华严经》"于一毫端,现宝王刹"。

[7] 掀翻禅座:禅宗以不立文字,直指人心,见性成佛为宗旨。故不受世情的妄执,掀翻禅座是禅师开悟后不执着妄执的一种行为。

[8] 倒却刹竿:禅宗公案名。为摩诃迦叶与阿难之间之嗣法因缘。据《无门关》卷二十二则载:"阿难尊者问迦叶尊者云:'世尊传金襕袈裟外,别传何物?'迦叶召云:'阿难!'阿难应诺,迦叶云:'倒却门前刹竿着!'门前之刹竿,系标示寺塔所在之物,亦即表示弘法之所,故迦叶谓'倒却门前刹竿着'即意味停止弘法。盖阿难一生随侍世尊听闻说法,一毫不漏,然却未能领会学佛乃学自己本来之面目,此外更无一物可得。故阿难询以'别传何物'时,迦叶乃以'倒却门前刹竿着'一语令其省悟。"

欣对喜,厌对欢,荣茂对凋残。清规[1]对戒律,禅寺对僧团。山寂静,路平宽,古庙对灵坛。爱河[2]翻怒浪,苦海[3]起波澜。法鼓天钟鸣妙乐,金炉玉鼎爇栴檀[4]。帝释群拥诸圣护,天曹部使;阎罗[5]拱卫众神祇,业道冥官[6]。

---

[1] 清规:清规者,清净之仪轨也,所立之仪轨,能清净大众,故名清规,我国有《备用清规》《敕修清规》《日用清规》等。

[2] 爱河:爱欲溺人,譬之为河。又贪爱之心,执着于物而不离,如水浸染于物,故以河水譬之。

[3] 苦海:苦无际限,譬之以海也。《法华经寿量品》曰:"我见诸众生,没在于苦海。"

[4] 栴檀:香料名,又称赤栴檀。栴檀为香树名,出自牛头山,故曰牛头栴檀。

[5] 阎罗:语出《慧琳音义五》,"焰摩梵语,鬼趣名也。义翻为平等王,此司典生死罪福之业,主守地狱八热八寒,及以眷属诸小狱等。役使鬼卒,于五趣中,追摄罪人,捶拷治罚,决断善恶,更无休息。

[6] 冥官:冥界之官僚也,为炎魔王界所属之人。《焰罗王供行法次第》曰:"一切冥官冥道道僧尼。"

## 十五　删

施对度，舍对悭，颠倒对愚顽。圆机[1]对狭劣[2]，宿慧对顽蛮[3]。风朗朗，水潺潺，言教对禅关。春秋闻义理[4]，日夜习安般[5]。将相无心参佛性[6]，帝王有梦羡僧闲[7]。珂雪银牙[8]殊胜显，圆明宝相；青莲净目[9]妙端严，金耀光颜。

---

[1] 圆机：圆顿之机根也。

[2] 狭劣：语出《华严出现品》，"一切二乘，不闻此经，何况受持。故虽在座，如聋如瞽，是为狭劣非器。"

[3] 顽蛮：不可调教，即与佛法无缘之人。

[4] 春秋闻义理：僧人终年以闻思修佛教义理为业。

[5] 安般：译曰数息观。数出息入息镇心之观法名。

[6] 将相无心参佛性：出家乃大丈夫事，非帝王将相所能为。

[7] 帝王有梦羡僧闲：《顺治皇帝出家偈》云"天下丛林饭似山，钵盂到处任君餐。黄金白玉非足贵，唯有袈裟披最难。朕为山河大地主，忧国忧民事转烦。百年三万六千日，不及僧家半日闲"。

[8] 珂雪银牙：佛的庄严相，齿白齐密如珂雪。

[9] 青莲净目：佛的庄严相，眼睛清澈犹如青莲。

天对地,港对湾,绿水对青山。人间对天上,法界对尘寰。亲独寡,恤孤鳏,静谧对幽娴。严城[1]飞玉叶,乐树[2]振玲环。梁武仁皇隆佛化,庞公居士破囊悭[3]。龙女[4]诵经流舍利[5],毫光照耀;生公说法雨天花[6],色彩斑斓。

---

[1] 严城:即广严城,语曰毗舍离,译曰广严。在中印度,佛在此说《药师经》《维摩经》等。《药师本愿经》曰:"一时,薄伽梵游化诸国。至广严城,住乐音树下。"

[2] 乐树:即乐音树,微风吹树叶,出音乐之声者。

[3] 庞公居士破囊悭:语出"给孤长者能舍施,庞公居士破悭囊"。

[4] 龙女:娑竭罗龙王之女,八岁,诣灵鹫山,现成佛之相。《法华经提婆品》曰:"尔时文殊师利坐千叶莲华,大如车轮。俱来菩萨亦坐宝莲华,从大海娑竭罗龙宫,自然涌出,住虚空中。诣灵鹫山,从莲华下,至佛前,头面敬礼二世尊(释迦与多宝)足。"

[5] 诵经流舍利:语出古人《法华经》赞诗,"六万余言七轴装,无边妙义广含藏。白玉齿边流舍利,红莲舌上放毫光。喉中甘露涓涓润,口中醍醐滴滴凉。假饶造罪过山岳,不须妙法两三行。"

[6] 生公说法:据《莲社高贤传》"竺道生入虎丘山,聚石为徒,讲《涅槃经》,群石皆点头"。

眉对目，髻对鬟，鹤发对童颜。习禅对入定[1]，指月[2]对闭关。清暴戾，化冥顽，践履对登攀。春风回万户，佛日照千山。金甲护心光赫赫[3]，红莲安足月弯弯[4]。行住皆禅，纵遇锋刀常坦坦；去来不昧，假饶毒药也闲闲[5]。

---

[1] 入定：入于禅定也。使心定于一处，止息身口意之三业，曰入定。

[2] 指月：（譬喻）以指譬修多罗，以月譬字相。

[3] 金甲护心光赫赫：形容护法韦陀尊天菩萨。

[4] 红莲安足月弯弯：形容观世音菩萨。

[5] 行住四句：语出《永嘉证道歌》，"纵遇锋刀常坦坦，假饶毒药也闲闲。"

# 诗僧对韵

## 下卷

## 一　先

　　偏对正，顿对圆，果报[1]对因缘。名僧对高士，往圣对先贤。邀月伴，枕经眠，中道对两边[2]。金瓯烹雀舌[3]，宝鼎爇龙涎[4]。出入四空[5]禅导引，轮回六道欲牵缠。一意投诚，皈命如来清净海；至心忏悔，同登净土涅槃船。

---

[1] 果报：由于过去的业因而造成现在的结果，叫作"果"，又因为这果是过去的业因所召感的酬报，所以又叫作"报"，如种瓜得瓜，种豆得豆，就是果报的意义。

[2] 两边：有无两边，属于极端。

[3] 雀舌：四川蒙山雀舌茶。

[4] 龙涎：香料名。

[5] 四空：又云四无色，无色界之四空处也。

旬对月,岁对年,香火对油钱。山风对竹雨,冷月对清泉。除臭秽,戒腥膻,罪灭对寿延。刀山成玉树[1],火焰化红莲[2]。立教开宗诸圣者,安僧护教众龙天。南天接法[3],千圣禅心独续;震旦开缘[4],一枚法眼单传。

---

[1] 刀山成玉树:即刀山地狱。《怡山发愿文》:"刀山尽作宝山,剑树皆成玉树。"

[2] 火焰化红莲:《杨枝净水赞》云:"灭罪除愆,火焰化红莲。"

[3] 南天接法:南天即南天竺,五天竺之一。天竺区划五方而当于南方者,谓之南天竺。达摩祖师即是南天竺人。

[4] 震旦开缘:达摩祖师南朝宋末航海到达广州,又往北魏,住嵩山少林寺。被认为是中国佛教禅宗的始祖,天竺禅宗第二十八祖。

情[1]对器[2]，半对全，显实对开权[3]。说空对议有，论妙对谈玄。燃灯佛[4]，忍辱仙，登岸对弃船。无明真可叹，五逆[5]实堪怜。数声佛号超十万[6]，一瓣心香遍三千[7]。用舍由时，且向闲中听竹雨；行藏自我，从今歇去煮茶烟。

---

[1] 情：有情世间即众生正报。

[2] 器：器世间即众生依报。

[3] 开权、显实：开除权教执着，显示真实义。"开"含开除、开发、开拓等义。开除乃除却权执，开发乃由内心之缘纯熟而脱权执，开拓乃权即实而广其义。即开除三乘权便，显示一乘真实义。

[4] 燃灯佛：又名定光佛。释迦佛在因行中第二阿僧祇劫届满时，刚好此佛出世，他买了五茎莲花去供佛，又以头发铺地给佛走路，佛即为他授未来成佛的记别。《智度论》说："如燃灯佛，生时一切身边如灯，故名燃灯太子，作佛亦名燃灯。"

[5] 五逆：又曰五无间业。罪恶极逆于理，故谓之逆。是为感无间地狱苦果之恶业，故谓之无间业。此有三乘通相之五逆、大乘别途之五逆、同类之五逆、提婆之五逆等。

[6] 十万：即十万亿佛土，《阿弥陀经》云："从是西方过是十万亿佛土，有世界名曰极乐。"

[7] 三千：即三千大千世界。

## 二 萧

晨对午，暮对朝，昨夜对今宵。传承对授记[1]，荷负对肩挑。庐山雨，浙江潮[2]，瑟瑟对萧萧。禅心澄散乱，定意滤喧嚣。一点圆明情寂寂，三千云水路迢迢。直超彼岸，十二药叉[3]为眷属；横渡烦流[4]，六丁揭谛[5]预臣僚[6]。

---

[1] 授记：记名之义，佛对发大心的众生预先记名，经过多少年代，在某处某国之中，成什么佛。

[2] 庐山雨，浙江潮：语出苏轼《观潮诗》"庐山烟雨浙江潮，未到千般恨未消。及到底来无一事，庐山烟雨浙江潮"。由《五灯会元》卷十七所载青原唯信禅诗的一段著名语录演化而成。语录的原句是："老僧三十年前未参禅时，见山是山，见水是水。及至后来，亲见知识，有个入处，见山不是山，见水不是水。而今得个休歇处，依前见山是山，见水是水。大众，这三般见解，是同是别？有人缁素得出，许汝亲见老僧。"

[3] 十二药叉：即十二药叉神将，仗佛神之力守护行者。

[4] 烦流：生死为此岸，涅槃为彼岸，烦恼为中流。

[5] 六丁揭谛：道教传说六位丁神，揭谛本是心经咒语，在《西游记》中亦化作神将。

[6] 臣僚：代指佛之胁侍。

残对落,敝对凋,疏淡对寂寥。巍峨对高耸,险峻对岩峣。归鄙野,隐渔樵,秋雨对春潮。嗔心[1]尘外起,妒火个中烧。黄卷[2]经中求秘奥,青灯[3]影里度华韶。祖印纳心,当下即成清净智;莲花托体[4],今生不向奈何桥[5]。

---

[1] 嗔心:三毒之一。嗔恚之心也。三毒中此为最恶。

[2] 黄卷:佛教经典之代称,案写经典用黄纸,盖准于唐代之黄敕,一为尊之,一为防虫害也。《维摩经垂裕记一》曰:"唐贞观中,始用黄纸,写敕制焉。"

[3] 青灯:古代寺院照明所用光线青荧的油灯,后世以青灯代指寺院的清修生活。

[4] 莲花托体:往生极乐世界之时不从母胎中出生,皆从莲花之中化生。

[5] 奈何桥:民间传说人死后都要经过奈何桥。

枯对死，败对焦，悲种[1]对善苗[2]。经楼对画壁，堂舍对僧寮。云隐隐，雨潇潇，溪乐对清韶。诸天临玉阙，菩萨下云霄。尊者优波原剃匠[3]，慧能六祖本獦獠[4]。清凉一切有情，禅风朗朗；普照三千世界，佛日昭昭。

---

[1] 悲种：慈悲的种子。

[2] 善苗：善业之苗。

[3] 尊者优波原剃匠：是释迦牟尼的亲传弟子，由理发师出家，得阿罗汉果，他问过释迦牟尼本人戒学方面的许多问题，解除疑惑后，对戒律十分精通。释迦灭寂后，由声闻大迦叶等五百罗汉一致推举他结集律藏。他背诵心中所记的戒律而成律藏。

[4] 慧能六祖本獦獠：语出《坛经·行由品》，"五祖言：'汝是岭南人，又是獦獠，若为堪作佛？'"

## 三 肴

风对月,岭对茅,远市对寒郊。清溪对深谷,野涧对山坳。名尽弃,利全抛,感应对道交[1]。观空[2]知祖意,述古续文钞。护法闻经摇彩旆,法王集众振金铙[3]。众僧应迹中华,千秋共愿;诸佛常游化土,一体[4]同胞。

---

[1] 感应道交:众生之感与如来之应之道互相交通也。《法华文句六下》曰:"始于今日,感应道交,故云忽于此间,会遇见之。"

[2] 观空:观照诸法之空相也。

[3] 金铙:法事之乐器,《三才图会》曰:"金铙如火斗,有柄以铜为匡,疏其上,如铃,中有丸。执其柄而摇之,其声诜诜然,以止鼓。"

[4] 一体:外相虽异而其本性则一。故曰一体。《涅槃无名论》曰:"天地与我同根,万物与我一体。"《法界观》曰:"情与非情共一体。"

施对舍，度对消，讥笑对讽嘲。贫寒对瘦弱，肥胖对枯槁。蔬美味，素佳肴，细伙对精庖。入山居雪洞，侧水筑云巢[1]。茂树临池凭鸟宿，柴门对月有僧敲[2]。来成道种，十善[3]真心求果证；为报佛恩，一诚敬意以情交。

---

[1] 入山二句：僧人倡头陀苦行，故多有住山修行者。

[2] 茂树二句：诗人贾岛得诗句"鸟宿池边树，僧敲（推）月下门"，难定"推"与"敲"，偶遇韩愈为之定之为"敲"，后世传为佳话。

[3] 十善：即世间十种善业：不杀生、不偷盗、不邪淫、不妄语、不两舌、不恶口、不绮语、不贪、不嗔、不痴。

根对末，本对梢，芦玉对蓍苞。占星对观相[1]，卜卦对出爻。成释义[2]，注疏钞[3]，论议对推敲。障山多剑刃[4]，欲海众钩挠[5]。罗汉上山擒虎豹[6]，梵僧[7]下海伏龙蛟。一切随缘，富贵荣华当下歇；万般如梦，功名利禄即时抛。

---

[1] 占星、观相：出《大智度论》：谓诸比丘，当以乞食清净自活，不应以下口、仰口、方口、维口四种邪命之食以自活命也。
〔一、下口食〕谓种植田园，合和汤药，以求衣食，而自活命，是名下口食也。
〔二、仰口食〕谓仰观星宿日月风雨雷电霹雳术数之学，以求衣食，而自活命，是名仰口食也。
〔三、方口食〕谓曲媚豪势，通使四方，巧言多求，以自活命，是名方口食也。
〔四、维口食〕维即四维也。谓学种种咒术，卜算吉凶，以求衣食，而自活命，是名维口食也。

[2] 释义：诸宗释经论真言之文句，有种种之释体。

[3] 疏钞：疏是对经典的梳理注释；钞是对经典的核心要义采摘包摄。

[4] 障山多剑刃：比喻烦恼障碍之山布满剑刃。

[5] 欲海众钩挠：比喻欲望大海充满钩挠。

[6] 罗汉上山擒虎豹：即伏虎罗汉。

[7] 梵僧下海伏龙蛟：即降龙罗汉。

## 四　豪

长对短，下对高，宝剑对金刀。谛听[1]对白象[2]，狮子[3]对龙鳌[4]。披锦带，着宽袍[5]，金相对玉毫。方才离地府，又始落天牢。五浊红尘烟滚滚，无明苦海浪滔滔。录成指月文津[6]，僧家绝唱；谱系联灯会要[7]，佛韵离骚。

---

[1] 谛听：小说《西游记》第五八回中，提到地藏王菩萨有个神兽，名唤"谛听"。谛听"若伏在地下，霎时，将四大部洲、山川社稷、洞天福地之间，羸虫、鳞虫、毛虫、羽虫、昆虫、天仙、地仙、神仙、人仙、鬼仙，可以照鉴善恶、察听贤愚"。

[2] 白象：象有大威力，而其性柔顺，故菩萨自兜率天降下，或乘六牙之白象，或自化白象而入摩耶夫人之胎。又普贤菩萨坐骑。

[3] 狮子：文殊菩萨坐骑。

[4] 龙鳌：即鳌龙，观音坐骑。

[5] 锦带、宽袍：汉传佛祖唐彩造像多披锦带、着宽袍。

[6] 指月文津：即《指月录》，禅宗最为重要的典籍。

[7] 联灯会要：禅宗灯谱，为禅宗特有语录体的史传，《联灯会要》是五灯中的一部。

凄对惨,哭对号,主簿[1]对功曹[2]。明珠对璎珞[3],紫绶[4]对红袍[5]。心猴马,意猿猱[6],世相对尘劳。鱼翔凭海阔,鸟竞自天高。供列香花兼宝石,果珍李柰与葡萄。澄清大海众无边,天心绀目[7];宛转须弥[8]诸有顶,眉相白毫。

---

[1] 主簿:民间传说中阴司有主簿即阎罗王。城隍之助。

[2] 功曹:指天庭玉皇天宫之助手。

[3] 璎珞:菩萨身上的庄严宝物。

[4] 紫绶:即紫色的缎带。紫代表尊贵,绶代表官位。

[5] 红袍:官服。

[6] 心猴马,意猿猱:(譬喻)《心地观经》卷八曰:"心如猿猴,游五欲树,暂不住故。"《赵州录遗表》曰:"心猿罢跳,意马休驰。"

[7] 绀目:佛眼绀青色如清澈的海水。

[8] 宛转须弥:语出《阿弥陀佛赞偈》"白毫宛转五须弥"。

驱对逐，汰对淘，避世对遁逃[1]。天青对地远，水阔对山高。常隐逸，自游遨，携杖对撑篙。人间求兔角，世上觅龟毛[2]。辗转四生情偃蹇，轮回六道性骄骜。佛力难思，德日熙熙光印咒；天恩浩荡，威风奕奕展旌旄。

---

[1] 遁逃：俗世曰遁入空门，有逃离世俗之意。

[2] 兔角、龟毛：喻指世间不可有之物，如《楞严经》卷一说："世间虚空，水陆飞行，诸所物象，名为一切，汝不著者，为在为无，无则同于龟毛兔角。"

## 五　歌

千对百，一对多，雪岭[1]对恒河[2]。中原[3]对西域[4]，极乐对娑婆。吟偈颂[5]，唱摩诃[6]，演教[7]对分科[8]。金铃能振狱，宝杵可降魔。弹指光阴行似箭，举头日月走如梭。愿济慈悲，诸佛垂怜消旧业；心怀平等，如来出世救沉疴。

---

[1]　雪岭：即雪山，释迦牟尼佛曾在雪山苦修六年。

[2]　恒河：恒伽河的简称，恒河又名克伽河，是印度三大河流之一。

[3]　中原：即古代文化发达的地域。

[4]　西域：总指河西走廊以西之诸国，别指印度。

[5]　偈颂：梵语偈陀，此译为颂。梵汉双举云偈颂，吴音也。梵之偈陀如此方之诗颂，字数句数有规定，以三字乃至八字为一句，以四句为一偈。

[6]　摩诃：译义为大、多、胜。

[7]　演教：即演扬教义。

[8]　分科：即将经文分释科判。

山对岳,海对河,欲浪对劫波。清修对独觉[1],乞士对头陀。传贝叶[2],译达摩[3],天鼓对法螺[4]。一心生净土,大众念弥陀。帝阙天庭[5]开玉律,龙宫[6]海藏[7]演金科。四生流转未穷时[8],千秋虚度;三界游离无出日[9],累世蹉跎。

---

[1] 独觉:又曰缘觉。即辟支。常乐寂静,独自修行,修行功成,于无佛之世,自己觉悟而离生死者,谓之独觉。

[2] 贝叶:代指佛经,是贝多罗叶的简称,此叶经冬不凋,印度人多拿来书写经文,叫作"贝叶经",或"贝文"。

[3] 达摩:又作达磨、达么、驮摩。译曰法。轨则之义,轨持之义也。

[4] 法螺:宣扬佛法好像吹螺,声音远扬,广被众生。

[5] 帝阙天庭:帝释天的宫殿。

[6] 龙宫:龙王之宫殿,在大海之底。为龙王之神力所化作。海龙王经请佛品说海龙王诣灵鹫山,闻佛说法,信心欢喜,欲请佛至大海龙宫供养。佛许之。龙王即入大海化作大殿。无量珠宝,种种庄严,且自海边通海底造三道宝阶,恰如佛往昔化宝阶自忉利天降阎浮提时。佛与诸比丘菩萨共涉宝阶入龙宫。受诸龙供养,为说大法。

[7] 海藏:龙宫中所珍藏之经、律、论三藏经典如大海般广博。

[8] 四生流转未穷时:在卵、胎、湿、化四种生命里不停流转没有穷尽之时。

[9] 三界游离无出日:在欲界、色界、无色界中一直轮回游走没有出头之日。

音对乐，曲对歌，唱诵[1]对吟哦。青桥对曲苑[2]，柳月对风荷。施饿鬼[3]，怖天魔[4]，铁甲[5]对金戈。清馐承软玉，妙供奉酥酡。大力金刚因底事[6]，菩提长老问云何[7]？禅杖拨开山里雾，青灯黄卷；芒鞋踏破岭头云[8]，雨笠烟蓑。

---

[1] 唱诵：指佛经的唱诵，又名梵呗。

[2] 曲苑：极乐世界有七重栏楯。

[3] 饿鬼：六道之一，即时常遭受饥饿的鬼类。其中略有威德的，成为山林冢庙之神，能得祭品或人间的弃食；无威德的，则常不得食，甚至口中因渴出火。

[4] 天魔：天子魔的简称，即欲界第六天魔王波旬，他有无数眷属，时常障碍佛道。

[5] 铁甲：佛教中的执金刚神披铁甲。

[6] 大力金刚因底事：佛讲《金刚经》得无量金刚神拥护。

[7] 菩提长老问云何：《金刚经》中，须菩提尊者问佛：应云何住，云何降然其心?

[8] 芒鞋踏破岭头云：语出唐无尽藏比丘尼《嗅梅》，"尽日寻春不见春，芒鞋踏遍陇头云。归来笑拈梅花嗅，春在枝头已十分。"

## 六　麻

炉对灶，水对茶，草履对袈裟。寒潭对枯木[1]，败种对蕉芽[2]。真水月，妙莲华[3]，僧骨对佛牙[4]。稀星从北尽，残日复西斜。法会虔诚称感应[5]，檀斋普覆号无遮[6]。勤施鬼魅不能穷，心包法界；广度人天无有际，数若河沙。

---

[1] 寒潭、枯木：在参禅的过程中没有一点禅机与生气，心如死灰的意思。

[2] 败种、焦芽：大乘斥小乘人没有发成佛的菩提心大愿，如已焦之芽，败坏之种。

[3] 妙莲华：佛的真知灼见，在染亦不污，犹如莲花出污泥而不染。

[4] 僧骨、佛牙：高僧的骨头与佛牙皆是舍利子。

[5] 法会虔诚称感应：虔诚的法会过程能够体会到与诸佛菩萨的感应道交。

[6] 檀斋普覆号无遮：檀即施主，斋即斋会，因举行的法会普同供养，如现在人打千僧斋，结万人缘，谁都可以参加而无遮止限制，故名无遮会。

龙对虎,犬对蛇,河蟹对海虾。龙行对鱼跃,兔走对龟爬。闲瘦雀,老昏鸦,鹭鸟对蛤蟆。佛如三五月[1],禅是一枝花[2]。帝释呈祥弹锦瑟,飞天献乐奏琵琶。千生辗转,佛法罕闻欣有幸[3];万劫轮回,人身难得愿无瑕。

---

[1] 佛如三五月:佛德圆满如十五的月亮。

[2] 禅是一枝花:世尊有灵山会上拈花微笑,迦叶破颜含笑,是禅宗的开端。

[3] 佛法罕闻欣有幸:佛法罕可遇可闻,故欣喜有幸得闻。

灯对月，雾对霞，甘露对香花。明珠对妙宝，供果对禅茶。**游异域**，走天涯，度苇[1]对浮槎[2]。三千云水路，一袭旧袈裟。常寂[3]身心原不动，双亡能所[4]自无差。奇哉善现[5]，是乃降心设问[6]；稀有世尊，平常洗足盘跏[7]。

---

[1] 度苇：达摩祖师一苇渡江。

[2] 浮槎：浮木筏。

[3] 常寂：没有生灭叫作"常"，没有烦恼叫作"寂"。

[4] 双亡能所：自动之法叫作"能"，被动之法叫作"所"。譬如六根对六尘，六根是能缘，六尘为所缘。已不执着能缘的相和所缘的相，是已进入三轮体空的境界了。

[5] 奇哉善现：《金刚经》中须菩提尊者。

[6] 降心设问：须菩提尊者在《金刚经》中设问如来，应云何降伏其心。

[7] 洗足盘跏：语出《金刚经》，"于其城中，次第乞已，还至本处，饭食讫，收衣钵，洗足已，敷座而坐。"

## 七 阳

悲对智[1]，乐对常[2]，现瑞对放光。轻安对喜乐，自在对清凉。严百福[3]，降千祥，地久对天长。善财参海岸[4]，大士驾慈航[5]。浊世飘零心怯弱，红尘浸染性刚强[6]。佛海无涯[7]，一舍身心成道业；经舟有棹[8]，双修福慧作资粮。

---

[1] 悲、智：慈悲和智慧，是佛菩萨所必备的两种德性，也叫作"悲智二门"。智是上求菩提，属于自利；悲是下化众生，属于利他。

[2] 乐、常：涅槃四德之常德与乐德。

[3] 严百福：庄严百福。

[4] 善财参海岸：《华严经》中善财童子往南海五十三参，其中有海岸国。《探玄记》卷十八曰：海岸国者，此国在海滨故。天竺本命海岸楞伽道。解云"此国道向楞伽山故也"。

[5] 大士驾慈航：观音大士常驾慈航寻声救苦，又称慈航大士。

[6] 红尘浸染性刚强：《地藏经》云"阎浮题众生其性刚强，难调难伏"。

[7] 佛海无涯：佛的智慧如大海般无有涯际，众生穷不可测。

[8] 经舟有棹：佛经能够将人从生死此岸渡到涅槃彼岸，故有船的作用。

能对所，灭对亡，念散对心狂。冬阳对夏月，春雨对秋霜。身矫健，体长康，著述对文章。孤僧巢古树[1]，独影坐修篁[2]。万古禅灯明熠熠，千年慧焰亮煌煌。万行[3]饶益有情[4]，根尘[5]俱寂；六度庄严国土，德寿齐彰。

[1] 孤僧巢古树：杭州鸟窠道林禅师，本郡富阳人也，姓潘氏。母朱氏，梦日光入口，因而有娠，及诞异香满室，遂名香光。九岁出家，二十一岁于荆州果愿寺受戒。后诣长安西明寺复理法师。学华严经起信论。理示以真妄颂。俾修禅那。师问曰。初云何观。云何用心。理久而无言。师三礼而退。后南归。参径山国一禅师。发明心地。因见秦望山有长松。枝叶繁茂。盘屈如盖。遂栖止其上。故时人谓之鸟窠禅师。白居易侍郎出守兹郡。因入山谒师，问曰：禅师住处甚危险。师曰：太守危险尤甚。白曰：弟子位镇江山，何险之有？师曰：薪火相交，识性不停。得非险乎？又问：如何是佛法大意？师曰：诸恶莫作，众善奉行。白曰：三岁孩儿也解恁么道？师曰：三岁孩儿虽道得，八十翁翁行不得。白作礼而退。

[2] 独影坐修篁：语出王维诗《竹里馆》"独坐幽篁里，弹琴复长啸"。

[3] 万行：即六度万行，略则六度，广则万行，而六度是包括了菩萨所修的一切行门。

[4] 饶益有情：与摄律仪戒、摄善法戒合为三聚净戒。

[5] 根尘：六根和六尘。六根是眼、耳、鼻、舌、身、意；六尘是色、声、香、味、触、法。

青对白，赤对黄，淡远对芬芳。僧寮对律苑[1]，宝坊对禅堂。兰若处[2]，睡莲塘，静影对幽香。译经从汉魏[3]，衍派自隋唐[4]。浙越名僧称傅士[5]，东吴美士属支郎[6]。得生佛果菩提，醍醐灌顶[7]；共证真如实相[8]，法味[9]亲尝。

---

[1] 律苑：即僧人学习戒律的场所。

[2] 兰若处：兰若处汉译为远离处，或空闲处，即远离热闹的空闲处。

[3] 译经从汉魏：中国佛教译经从汉末开始，第一部汉译经典是《四十二章经》。

[4] 衍派自隋唐：中国佛教八十宗派的确立是从隋唐开始的，第一个确立宗派传承的是天台宗的智者大师。

[5] 傅士：姓傅，名翕，字玄风。南齐建武四年（公元497年）生，陈宣帝大建元年（公元569年）卒。为有发之道士。取于姓曰傅大士，又取于地曰东阳大士，自称为善慧大士。大士乃菩萨之翻名，此大士创始轮藏，因之今安于藏内。有傅大士传，附龙华忏法之后，又有傅大士录四卷，现行于世。

[6] 支郎：三国时期佛经翻译家。一名越，字恭明。月氏族后裔，其祖先于东汉灵帝时入籍中国。他自幼学习中外典籍，精通六种语言，曾受业于大乘学者支娄迦谶的弟子支亮。后避乱迁东吴，拜为博士。期间，潜心翻译佛典，深受吴主孙权的信任，曾辅佐太子登。太子逝世后，隐居穹隆山，传60岁卒于山中。

[7] 醍醐灌顶：以醍醐灌人之顶。喻输入人之智慧也。今以为令人舒适之喻。顾况诗曰："岂知灌顶有醍醐，能使清凉头不热。"

[8] 真如实相：非假谓之真，不变谓之如，离虚谓之实。真如即一切众生的自性清净心，亦称为法身、如来藏、法性、佛性等。此真如自性，并非虚妄，乃系真实之相，故名"真如实相"，简称为"如实"。

[9] 法味：妙法之滋味也。咀嚼妙法而心生快乐，故谓之法味。《华严经》卷二十五曰："法味增益，常得满足。"《药师经》曰："先以净妙饮食饱足其身，后以法味毕竟安乐。"《往生论》曰："得一到彼处，受用种种法味乐。"

## 八　庚

慌对乱，怖对惊，有惑对无明。觉知对作意[1]，证悟对修行。兜率院，法王城，磬响对钟鸣。蓑衣寻旧路[2]，草履践初程[3]。龙女现身成大觉[4]，生公说法度无情[5]。扫尽六尘，莫使沉浮沦苦海；出离五欲，免教轮转堕深坑。

---

[1] 作意：五遍行（触、受、作意、想、思）。作意，即集中精神，令心警觉。

[2] 旧路：指过去修行之路。

[3] 初程：今生修行之开始。

[4] 龙女现身成大觉：龙女八岁示现成佛。

[5] 生公说法度无情：生公指晋末义学高僧竺道生，原姓魏，因其师父竺法汰来自天竺（古印度），故改为竺姓，世称生公。竺道生十五岁就登坛讲法，二十岁上庐山讲授佛法，成为江南的佛学大师，他潜心研究刚传入中国的《涅槃经》，参悟到其中的奥妙，得出"人人皆可成佛"的理论推断，因此被逐出庐山，他流浪到苏州虎丘山讲法，法指佛法；顽石指无知觉的石头。传说竺道生解说佛法，能使顽石点头。

香对味，色对声，清净对真诚。贫穷对疾疫，饥馑对刀兵[1]。离垢染，得身轻，不动对无生。恢恢真法界，荡荡涅槃城[2]。看破红尘须见性[3]，往生净土仗持名[4]。观照一尘俱寂，无忧无喜；了知五蕴皆空[5]，不怖不惊[6]。

---

[1] 贫穷三句：小三灾，即饥馑灾、瘟疫灾、刀兵灾。据佛经说，我们的世界，每过一小劫的时间，即有小三灾的发生。当每一小劫的人寿减至三十岁时，即有饥馑灾，七年不雨，草木不生，人类多数都受饥饿的逼迫而死亡；人寿减至二十岁时，即有瘟疫灾，人类又病死一半；人寿减至十岁时，即有刀兵灾，这时一草一木，都变成了杀人的凶器，加上人类互相嗔恨，互相杀害，直至人类所存无几而后止。

[2] 恢恢真法界，荡荡涅槃城：语出《三宝歌》，二谛总持，三学增上，恢恢法界身；净德既圆，染患斯寂，荡荡涅槃城！众缘性空唯识现，南无达摩耶！

[3] 见性：禅家之常语，彻见自心之佛性也。《达摩悟性论》曰："直指人心，见性成佛，教外别传，不立文字。"

[4] 持名：受持阿弥陀佛之名也。念佛之人谓之持名行者。《观无量寿经》曰："汝好持是语，持是语者即是持无量寿佛名。"

[5] 五蕴皆空：五蕴是色受想行识，色从四大假合而有，受想行识由妄念所生，故此五蕴诸法，如幻如化，从因缘生，本无实性，当体即空，故谓"五蕴皆空"。

[6] 不怖不惊：语出《金刚经》，若复有人得闻是经，不惊、不怖、不畏，当知是人甚为希有。何以故？须菩提！如来说第一波罗蜜，非第一波罗蜜，是名第一波罗蜜。

行对解,智对明,不语对无争。同参对道友,法父[1]对戒兄[2]。心厉恶,相狰狞,地狱对火坑。三观[3]催梦醒,五盖令人盲。世主[4]降生罗卫国[5],药师[6]演教广严城[7]。三宝门中,善地无边勤作务;一真界内,福田[8]广大乐躬耕。

---

[1] 法父:法身慧命之父。

[2] 戒兄:同受戒的僧侣,互称戒兄。

[3] 三观:天台空假中三观,先从假入空,次从空入假,后乃双离空假,入中道第一义观,名次第三观。

[4] 世主:世主天,释迦牟尼佛降生之前住在兜率天内院。

[5] 罗卫国:即迦毗罗卫国,即释迦佛所出生的国家,现在尼泊尔的西部。

[6] 药师:即药师琉璃光如来。

[7] 广严城:《药师本愿经》曰:"一时,薄伽梵游化诸国。至广严城,住乐音树下。"

[8] 福田:田以生长为义,于应供养者供养之,则能受诸福报,犹如农夫播种于田亩,有秋收之利。故名福田。《探玄记六》曰:"生我福故名福田。"

## 九 青

空对相，寿[1]对形[2]，蠢动对含灵[3]。儒书对道藏，密法对佛经。如草露，似浮萍，夜月对辰星。观音消苦厄[4]，地藏济幽冥[5]。菩萨心肠如雨润[6]，金刚手段若雷霆。愿此钟声超法界，须弥泰定；但求佛日照人间，四海清宁。

---

[1] 寿：有时间的限制。

[2] 形：有形质的限制。

[3] 蠢动、含灵：指一切有情之生命。

[4] 观音消苦厄：观音菩萨救苦寻声能为众生解除一切厄难。

[5] 地藏济幽冥：地藏王菩萨是幽冥世界之教主，发愿："我不入地狱，谁入地狱？地狱不空，誓不成佛。"

[6] 菩萨心肠如雨润：本着"大慈大悲"的愿力，实施普度一切众生的大行，这就是"菩萨道"精神的主要特征。后因以"菩萨心肠"比喻仁慈善良之心。菩萨之心肠又如细雨润泽大地，不择草木，法界均沾。

鞋对帽，钵[1]对瓶，锡杖对金铃。传承对授受[2]，嘱咐对叮咛。风满院，雪如庭，玉洁对幽馨。山深藏古寺[3]，岭峻耸云亭。春去红花空绚烂，秋来黄叶自飘零。匆匆鹤发暮年，唯余病体；渐渐龙钟老态，细数余龄。

---

[1] 钵：即钵多罗，为比丘六物之一，即盛饭器。译为应器，或应量器，故应有三应：
[一、色相应]钵要灰黑色，令不起爱染心。
[二、体相应]钵体粗质，使人不起贪意。
[三、大小相应]不过量也，乞食不过七家，令人不恣口腹。
当时四大天王，持四钵供佛，佛以神力，把它们合为一钵，这是有钵的历史。

[2] 授受：彼授此受，接受施与的东西。

[3] 山深藏古寺：宋徽宗赵佶喜爱书画，创建并主管了世界上最早的皇家画院。这位昏君兼杰出书画家开设画学，亲自授课，建立考试制度，亲自出题批卷，培养绘画人才，开创了一代画风。当时画院的考试标准是：笔意俱全。有一次考试，他出的题目便是"深山藏古寺"。

闻对录，读对听，诵律[1]对抄经。鸿儒对学士，耆宿[2]对白丁。升满月，启明星，少室[3]对雪庭[4]。龙天开宝藏，护法立翰屏[5]。罪福[6]凝然皆有相，因缘幻化总无形。西求贝叶[7]弘传，法流震旦[8]；夜梦金人光耀[9]，显应汉廷[10]。

---

[1] 诵律：即布萨，华译净住，或长养。出家之法，每半月（十五日与廿九日或三十日）集僧说戒经，使比丘住于净戒中，能长养善法，在家之法，于六斋日持八戒以增长善法。

[2] 耆宿：指有名望有学问的丛林长老。

[3] 少室：为嵩岳之别峰。魏孝文为佛陀禅师于此立少林寺。即初祖达摩九年面壁之处。（少林寺）

[4] 雪庭：亦即禅宗祖庭少林寺。

[5] 翰屏：语出《伽蓝赞》，曰："为翰为屏，梵刹永安宁。"

[6] 罪福：五逆十恶等为罪，五戒十善等为福。罪有苦报，福有乐果。

[7] 贝叶：指佛经。

[8] 震旦：（地名）Cina，又作振旦，真丹，神丹。《翻译名义集》曰："东方属震，是日出之方，故云震旦。"

[9] 夜梦金人光耀：西汉永平十年（公元67年），汉明帝夜梦金人飞空而至，次日乃大集群臣，以占卜预测此梦的吉凶祸福。知识渊博的大臣傅毅回答说："臣闻西域有神，其名曰佛，陛下所梦到的大概就是佛吧。"皇帝以为他说得很对，因此就派遣郎中蔡愔博士及弟子秦景等，前往天竺寻访佛法。蔡愔一行于彼国遇见迦叶摩腾，请求他跟他们一起返回汉地。

[10] 汉廷：汉家宫廷。

## 十　蒸

仙对佛，道对僧，玉盏对天灯。龙舟对宝筏[1]，铁树对金绳[2]。竺法兰[3]，摄摩腾[4]，北秀[5]对南能[6]。三千秋逝水，九万里飞鹏。供养诸僧须一意，南无[7]海会[8]要三称。诸法因缘幻化，不生不灭；本然佛性天成，不减不增。

---

[1] 宝筏：喻以佛之妙法为宝筏能渡人离生死而到达涅槃彼岸。

[2] 金绳：喻引导人走向正路的界线。

[3] 竺法兰：姓竺，名法兰。中印度人，东汉明帝永平中与迦叶摩腾共来我国，译《四十二章经》等。

[4] 摄摩腾：又作迦叶摩腾，中天竺人，能解大小乘经，汉明帝遣蔡愔等往天竺求法，遇之，永平十年，与竺法兰至洛阳，译《四十二章经》，为印度高僧莅华传法之第一人。

[5] 北秀：北宗的神秀禅师。

[6] 南能：南宗的慧能禅师。

[7] 南无：华译归命、敬礼、归依、救我、度我等义，是众生向佛至心皈依信顺的话。

[8] 海会：佛说法时圣众会合一处，其德之深，与数之多，犹如大海。

亲对友,客对朋,禅侣对诗僧。寻声对救苦,感应对飞腾。成就者[1],世间灯[2],密付[3]对相承。五阴[4]才会合,四大[5]又离崩。顶髻光明眉紫黛,白毫宛转目清澄。晏寂无生[6],色相同参明自性[7];湛然常住,真俗不二证圆凝[8]。

---

[1] 成就者:从凡夫直至成佛,是为成就者。

[2] 世间灯:能照亮世间,能破除黑暗,能使众生得到智慧的光明。

[3] 密付:师资密密付法也,即禅家之以心传心。《宝镜三昧歌》曰:"如是之法,佛祖密付,汝今得之,宜善保护。"

[4] 五阴:即色受想行识五取蕴。

[5] 四大:即地水火风四大。

[6] 晏寂无生:安住于涅槃之真理中没有生灭,故名无生。

[7] 色相同参明自性:自体与相状一起参详而后明了佛性。

[8] 圆凝:凝然圆寂之涅槃也。

忧对喜，爱对憎，重罚对严惩。开山[1]对立派，复古对中兴[2]。千古蔓，万年藤，业网对尘罾。八风吹不动[3]，五欲转频仍。释教功成多坐化[4]，仙家果满显飞升[5]。道贯古今，横遍十方垂世范；法无高下，竖穷三际[6]演真乘。

---

[1] 开山：开山立寺谓之开山，一转而称创一宗派之人亦曰开山。

[2] 中兴：使佛教事业重新发扬光大谓之中兴。

[3] 八风吹不动：语出苏轼赞佛偈"稽首天中天，毫光照大千。八风吹不动，端坐紫金莲"。

[4] 释教功成多坐化：释教即释迦所传之教，即佛教。佛教中的修行成就者特别是禅宗的祖师多以坐化涅槃。

[5] 仙家果满显飞升：道家人物修行圆满之后多是羽化飞升。

[6] 竖穷三际：三际即过去、现在、未来，时间概念曰竖，空间概念曰横。

## 十一　尤

来对去，待对留，东渡[1]对西游[2]。羯磨[3]对教授[4]，菩萨对比丘。如泡影[5]，似浮沤[6]，奋迅[7]对般舟[8]。不常而不断[9]，无喜亦无忧。人我二空[10]方见证，金刚三昧[11]任遨游，。偃月青龙[12]在手，安禅四众；金刚宝杵当胸，护法三洲[13]。

---

[1]　东渡：即鉴真法师，俗姓淳于氏，唐扬州江阳县人，年十四就智满禅师出家，研极三藏，尤精戒律。受日本入唐僧荣睿普照之请，与其徒一百八十四人至日本弘法。

[2]　西游：即玄奘法师，唐代高僧。河南偃师人，俗姓陈，名祎。于太宗时曾到印度研究佛学十七年，回国后翻译佛经很多，人称三藏大师，或慈恩大师，为法相宗之开祖。

[3]　羯磨：阿阇梨之一，即羯磨戒师，简称戒师，即授戒时读羯磨文的师父，为授戒三师之一。

[4]　教授：阿阇梨之一，又名教授师，即教授弟子们威仪做法的比丘。

[5]　泡影：形容虚幻不实。

[6]　浮沤：形容人生极为短暂。

[7]　奋迅：即狮子奋迅，狮子奋起时，身毛皆竖，其势迅速勇猛，以譬佛之威猛。

[8]　般舟：般舟三昧又名佛立三昧，意谓修此三昧而得成就的人，能见十方诸佛，立于其前。修的时候，不坐不卧，从早到晚，又由晚到天亮，不是走，就是立，以九十日为一期，专念阿弥陀佛的名号。

[9]　不常不断：八不中观之一，全即不生不灭，不断不常，不一不异，不去不来。中道是中正不偏的道理的意思。

[10]　二空：即我空观与法空观。

[11]　金刚三昧：《三藏法数》谓"菩萨住是三昧，则智慧坚固，能破诸三昧；譬犹金刚，坚固不坏，而能碎诸万物，是名金刚三昧。"

[12]　偃月青龙：即关公所执宝刀，死后为智者大师所度，后皈依佛教，被奉为伽蓝菩萨。

[13]　护法三洲：即韦陀菩萨，须弥山脚共有四大部洲，其中北俱卢洲人寿极长一千二百岁，福与诸天共等，故无人尊信佛法，韦陀菩萨亦无缘度化。

开对示,悟对修,善解[1]对调柔[2]。传灯[3]对寻剑[4],踏雪[5]对牧牛[6]。花转夏,月逢秋,虎岫对龙湫[7]。安居依律制,法会有因由。蓦见如来标月指[8],倏登菩萨度人舟[9]。宝掌千龄[10]还住世,神州遍历;赵州[11]八十未悄然,四海云游。

---

[1] 善解:谓菩萨之智慧广大,善解众生之烦恼困厄。

[2] 调柔:谓法华一经所说之法,清净洁白,唯谈中道之理,而无空假二边,瑕秽之相,即圆顿一乘妙教,调和柔顺。

[3] 传灯:法能破阇,故以灯譬之。传法于他,故曰传灯。

[4] 寻剑:灵云志勤禅师诗:"三十年来寻剑客,几回叶落又抽枝。自从一见桃花后,直至如今更不疑。"

[5] 踏雪:喻禅宗寻找本来面目的过程极为艰辛,犹如踏雪。

[6] 牧牛:喻禅宗调伏心性的手段亦如牧牛。

[7] 虎岫龙湫:罗汉居所多处于险峻之地。

[8] 标月指:喻佛法如人之手指,因指而能见月。

[9] 度人舟:菩萨以度众生到达涅槃彼岸为事业。

[10] 宝掌:谓千岁宝掌和尚也。中印度人,于周威烈王十二年(公元前414年)丁卯降生,左手握拳,七岁祝发,乃展,因名宝掌。魏晋间来游此土,入蜀。一日谓众曰:"吾愿住世千载,今年六百二十有六。"后历游海内,唐显庆二年,寂于浦江宝岩寺。见《五灯会元》。

[11] 赵州:赵州观音院从谂禅师八十岁时仍感心头有所挂碍,仍出门行脚参学。有诗记曰:"赵州八十行脚去,犹感心头未悄然。"

缠[1]对障，喜对愁，苦恼对悲忧。经窗对禅院，雁塔[2]对钟楼。生不尽，死无休，业累对情囚。六尘皆爱染，五欲所牵钩。亲爱别离[3]皆惨淡，怨憎合会[4]是仇雠。富贵功名终不见，一生俱落；浮华恩爱久难留，七笔全勾[5]。

---

[1] 缠：烦恼之异名。以烦恼能使人之心身不自在故也。《大乘义章》曰："能缠行人，目之为缠。又能缠心，亦名为缠。"

[2] 雁塔：即大雁塔。有几位小乘比丘见天上飞过一群大雁，心思若能吃雁肉甚好。时大雁发菩萨心自折羽翼落于面前。比丘遂感大乘发心之不可思议，由是建塔纪念。后玄奘大师游学天竺，为发扬菩萨之精神，乃在长安城仿建雁塔。

[3] 亲爱别离：八苦之一，谓常所亲爱之人，乖违离散，不得共处，是为爱别离苦。

[4] 怨憎合会：八苦之一，我所怨憎之人或嫌忌之事物，每相会这苦也。《涅槃经十二》曰："怨憎会苦，所不爱者而共聚集。"

[5] 七笔全勾：莲池大师作《七笔勾》歌诀劝世，有五色金章一笔勾，鱼水夫妻一笔勾等七首。谓一切尘缘，皆可消除净尽也。

## 十二 侵

　　根[1]对处[2]，蕴[3]对阴[4]，善意对悲心。化城[5]对医子[6]，药草[7]对天霖。参古寺，访丛林，苦觅对求寻。坐禅龙虎伏，持戒鬼神钦。古佛谈经甘露雨，如来说法海潮音[8]。了知尘梦尽虚无，真如寂忍；照见色身皆幻化，般若行深[9]。

---

[1] 根：即六根。

[2] 处：六根加六尘，合称为十二处。处是出生之义，由六根六尘出生六识。

[3] 蕴：是聚集义，有色受想行识五蕴。

[4] 阴：蕴的旧译曰阴，阴是积集义。

[5] 化城：《法华经》七喻之一。化城者，一时化作之城郭也。其喻意以一切众生成佛之所为宝所，到此宝所，道途悠远险恶，故恐行人疲倦退却，于途中变作一城郭，使之止息，于此处养精力，遂到宝所，佛欲使一切众生到大乘之至极佛果，然以众生怯弱之力，不能堪之，故先说小乘涅槃，使一旦得此涅槃，姑为止息，由此更使发心进趣真实之宝所也。然则小乘之涅槃，为一时止息而说，是佛之方便也。

[6] 医子：《法华经》七喻之一。譬本门之开近显远者。有良医为事用到他国。诸子后余毒药，闷绝宛转。是时父还，诸子欢喜乞救疗，父即与色香味俱足之好药草。诸子中不失心者，服之病尽愈。其失心者，毒气深入于身不敢服。父因方便至他国，诈言死。诸子闻之，悲哀之余，遂醒悟服其好药，病毒悉除。于是父复归来相见欢喜至极。此其大旨也。如来譬之医，子喻之三乘，如来以方便力，对三乘之人，虽说灭度，实则寿命无量劫而不灭度也。

[7] 药草：药草者，譬三乘人根性也。草有三种，谓小草、中草、大草。小草喻天人。中草喻声闻、缘觉。大草喻藏教菩萨。药草虽有大小不同，若蒙云雨沾润，皆得敷荣郁茂，能治众病。以喻三乘之人，根器虽高下不同，若蒙如来慈法雨润泽，则能成大医王，普救群品。故以药草为喻也。（三乘者，声闻乘、缘觉乘、菩萨乘也。）

[8] 海潮音：音之大者，譬之于海潮。又海潮无念，不违其时。与大悲之音声应时适机而说法相似。《法华经普门品》曰："梵音海潮音。"

[9] 行深般若：《心经》"观自在菩萨，行深般若波罗密多时，照见五蕴皆空"。

明对暗，浅对深，博古对通今。山蔬对野菜，珍果对林檎[1]。擂法鼓[2]，澍甘霖，实相对圆音。得成如意足[3]，永具大悲心。六度万行常所作，三灾八难不能侵。四众祈留无我法[4]，霜风肃肃；群生痛失度人师，暮霭沉沉。

---

[1] 林檎：稀有罕见的水果。

[2] 法鼓：扣鼓诫兵进众以譬佛之说法为诫众进善者。《法华经序品》曰："吹大法螺，击大法鼓。"

[3] 如意足：具名四如意足，又名四神足。为三十七科道品中次四正勤所修之行品。四种之禅定也。前四念处中修实智慧，四正勤中修正精进，精进智慧增多，定力小弱，今得四种之定以摄心，则定慧均等，所愿皆得，故名如意足，又名神足。如意者如意而得也。为六通中之身如意通。又总曰六通，是定所生之果也。

[4] 四众祈留无我法：四众弟子比丘、比丘尼、优婆塞、优婆夷诉请传留无我的法门。

升对照,降对临,作意对观心。清溪对碧涧,峻岭对高岑。度邪知巨海[1],越恶见稠林[2]。死死生生常起落,来来往往又浮沉[3]?登欢喜地[4],胜会重开留象教;入涅槃城,灵山未散有余音[5]。

---

[1] 度邪知巨海:邪知能乱人心性如人于大海中不知所向,若有佛法指引则可到岸。

[2] 越恶见稠林:恶见有如稠密之树林,难可穿越,若为佛法所指引,则能逾越。

[3] 浮沉:众生在轮回中不断生死起落,来往浮沉。

[4] 欢喜地:欢喜地。菩萨既满初阿僧祇劫之行,初窥心性,破见惑证二空理,成就檀波罗蜜,生大欢喜,故名"欢喜地"。

[5] 灵山未散有余音:智者大师所证法华三昧,见释迦牟尼佛仍在灵山说法俨然未散。

## 十三 覃

堂对殿,寺对庵,神案对佛龛。矜骄对傲慢,有愧[1]对无惭[2]。空欲念,戒贪婪,信女对善男。天王升宝塔[3],佛祖举优昙[4]。法界真贤应敬礼,诸天圣众致和南[5]。清净禅心元具足,孤蓑寂雪[6];圆明体性本无亏,雁影澄潭[7]。

---

[1] 愧:梵云地底迦,译曰有愧。于己所作有愧心也。遗教经曰:"有愧之人,则有善法。"

[2] 无惭:惭谓惭耻。做错事而不知有惭愧。

[3] 天王升宝塔:佛经四天王之一。即北方多闻天王。梵名毗沙门。管领罗刹夜叉。佛令掌擎古佛舍利塔。故俗称托塔天王。唐宋时敕诸府州军建天王堂奉祀之。元时绘其像于旗。列于卤簿之内。

[4] 佛祖举优昙:优昙译曰灵瑞,瑞应。《法华文句四上》曰:"优昙花者,此言灵瑞。三千年一现,现则金轮王出。"诸佛说法如优昙花开难可值遇。时释迦牟尼佛在灵山会上拈花微笑,亦是举优昙花。

[5] 和南:稽首、敬礼、度我等意思。

[6] 清净禅心元具足,孤蓑寂雪:清净的禅心是原来具足的,就像一人孤蓑伫立于寂静的雪原。

[7] 圆明体性本无亏,雁影澄潭:圆明的本性是不会亏损的,虽然有大雁飞过澄清的水潭也不会留下影子。

观对照，悟对参，久坐对长谈。禅庵对山寺，兰若对伽蓝[1]。经万卷，论千函[2]，摄受[3]对承担。华言音最胜，梵语义多含。持戒[4]精严无毁犯，布施[5]财物度悭贪。勤修最胜净禅心，菩提同证，顿悟无生成佛种，大法谁堪？

---

[1] 伽蓝：僧伽蓝摩之略，译曰众园。为僧众所住之园庭，寺院之通称也。

[2] 万卷、千函：佛教典籍之众。

[3] 摄受：又曰摄取。佛以慈心摄取众生也。

[4] 持戒：六度之一，持戒能度毁犯。

[5] 布施：六度之一，布施能度悭贪。

前对后，北对南，俱舍[1]对毗昙[2]。狮身对象耳，虎颈对龙颔。移竹柳，架樟楠，护戒[3]对开坛。空山生翠影，净寺起晴岚。海印[4]虚空皆摄受，真如妙理广包涵。古殿逡巡监贾客，神形严肃[5]；山门冷坐度春秋，笑脸痴憨[6]。

---

[1] 俱舍：阿毗达磨俱舍论之略称。世亲作。唐玄奘译。三十卷。阿毗为对。达磨为法，俱舍为藏。

[2] 毗昙：阿毗昙或云阿毗达磨，此云无比法，谓无漏法慧为最胜故。

[3] 护戒：守佛制戒之善神也。受三归者，有三十六部之善神护之，又受五戒者，五戒——各有五神，合有二十五神，护持五戒者。

[4] 海印：佛所得之三昧名。如于大海中印象一切之事物，湛然于佛之智海印现一切之法也。

[5] 古殿逡巡观日月，神形严肃：指寺院山门的护法神。

[6] 山门冷坐度春秋，笑脸痴憨：指寺院山门口的弥勒菩萨。

## 十四 盐

端对正，妙对严[1]，纬幔对幡帘[2]。修身对闻法，问道对养廉。心寂静，性安恬，有愧对多谦。须弥容芥子[3]，世界置针尖[4]。林密风清藏术士[5]，山高岭峻隐高潜[6]。鹿野苑中开妙法，五僧初度[7]；祇园会上放毫光，八部同瞻[8]。

---

[1] 端、正、妙、严：皆是菩萨之庄严色相。

[2] 纬幔、幡帘：皆是佛前庄严供具。

[3] 须弥容芥子：华严经中谓一颗芥子中可以装纳一座须弥山。

[4] 世界置针尖：三千大千世界可以安置于针尖之上。

[5] 林密风清藏术士：清风密林深处一定隐藏着精通术业的有道之士。

[6] 山高岭峻隐高潜：高山峻岭的地方也一定隐潜着高明的修行人。

[7] 鹿野苑中开妙法，五僧初度：释迦牟尼佛最初在鹿野苑讲四圣谛，度五比丘，是为最早具足之佛法僧三宝。

[8] 祇园会上放毫光，八部同瞻：释迦牟尼佛在祇园会上讲法，有天龙八部来瞻顶。

甘对涩，苦对甜，疏淡对无盐。唇红对齿白[1]，目净对眉纤[2]。攀巨石，越飞濂，壁峭对峰尖。六凡尘漫漫，三界火炎炎[3]。千圣云来经结集[4]，诸僧和合利均沾[5]。地藏肉身金不坏[6]，真容清净；观音菩萨妙难酬，宝相庄严。

---

[1] 唇红、齿白：形容菩萨造像之美。

[2] 目净、眉纤：形容菩萨造像之美。

[3] 三界火炎炎：三界无安犹如火宅。

[4] 千圣云来经结集：经典结集的时候云集了许多的圣贤僧。

[5] 诸僧和合利均沾：僧团有六和敬，其中一条是利和同均。

[6] 地藏肉身金不坏：地藏王菩萨的化身新罗国金乔觉尊者在九华山修证成肉身不坏。

寒对暑，酷对炎，玉兔对金蟾[1]。真容[2]对月面[3]，玉髻对美髯。传玉露，解灵签，福佑对恩沾。天宫飞斗角[4]，伟殿构重檐[5]。玉树聆风云隐隐，莲池沐月水潾潾。心阔六时皆自主，三千世界；禅高何处不称尊[6]，一片茅苫。

---

[1] 玉兔、金蟾：古人用来形容日月。

[2] 真容：佛菩萨的真身。

[3] 月面：佛菩萨圆满的面容。

[4] 天宫飞斗角：古刹层层叠叠如天宫一样有斗角相交。

[5] 伟殿构重檐：雄伟的殿堂构架起多层的屋檐。

[6] 何处不称尊：语出《禅苑瑶林注》，"鼓山赴大王请，雪峰门送"。回至法堂乃曰："一只圣箭直射九重城里去也！"太原孚曰："是伊未在。"峰曰："渠是彻底人。"孚曰："若不信待某甲去勘过。"遂趁至中路，便问："师兄向什么处去？"山曰："九重城里去。"孚曰："忽遇三军围绕时如何？"山曰："他家自有通霄路。"孚曰："恁么则离宫失殿去也。"山曰："何处不称尊！"

## 十五 咸

成对坏,圣对凡,紫绶对青衫。三山对五岳,一塔对千帆。莺婉转,燕呢喃,宝树对云杉。疑情多执取[1],我见苦争衔[2]。转化修罗趋战陷[3],傍生鬼趣堕饥馋[4]。修士名贤,宝阁千重依岫壑;高流真隐,梵宫万仞倚云岩。

---

[1] 疑情多执取:因不信真理故于我执之理多所执取。

[2] 我见苦争衔:是非人我之见苦苦争执。

[3] 转化修罗趋战陷:化生在阿修罗道里,趋向于好斗的性格。

[4] 傍生鬼趣堕饥馋:傍生在饿鬼道中,不能得到饮食。

禅对寂，默对缄，僧值[1]对斋监[2]。心粗对意懒，语媚对言谗。凌雁塔，驾云帆，乱壑对危岩。真空原不染[3]，妙义本平凡[4]。敬诵经文声漾漾，恭称佛号语喃喃。白玉齿边流舍利，真经七卷；红莲舌上放毫光，妙法三函[5]。

---

[1]　僧值：即寺院中纠察僧人纪律的职事。

[2]　斋监：即监斋使者，是寺院的护法神，专门监管寺院斋饭的使用，以防浪费。

[3]　真空原不染：真实的空性智慧是不会被染污的。

[4]　妙义本平凡：微妙的奥义实在是非常平常的。

[5]　白玉齿边流舍利：语出《法华偈》，"六万余言七轴装，无边妙义广含藏。白玉齿边流舍利，红莲舌上放毫光。喉中甘露涓涓润，口内醍醐滴滴凉。假饶造罪过山越，不须妙法两三行。"

松对竹,柳对杉,雀宿对乌衔。诗篇对僧传[1],灯谱[2]对经函。轻锦缎,著青衫,入圣对超凡。苦海欲河扬巨浪,慈航宝驾起征帆。有患[3]色身[4]能忘却,得离病累;无明苦本尽蠲除,免堕饥馋。

---

[1] 僧传:即《高僧传》。

[2] 灯谱:即《传灯录》。

[3] 有患:有过咎与灾患。

[4] 色身:由四大等色法所组成的肉身。

# 声律启蒙

## 上卷

## 一　东

云对雨,雪对风,晚照对晴空。来鸿对去燕,宿鸟对鸣虫。三尺剑,六钧弓,岭北对江东。人间清暑殿,天上广寒宫。两岸晓烟杨柳绿,一园春雨杏花红。两鬓风霜,途次早行之客;一蓑烟雨,溪边晚钓之翁。

沿对革,异对同,白叟对黄童。江风对海雾,牧子对渔翁。颜巷陋,阮途穷,冀北对辽东。池中濯足水,门外打头风。梁帝讲经同泰寺,汉皇置酒未央宫。尘虑萦心,懒抚七弦绿绮;霜华满鬓,羞看百炼青铜。

贫对富,塞对通,野叟对溪童。鬓皤对眉绿,齿皓对唇红。天浩浩,日融融,佩剑对弯弓。半溪流水绿,千树落花红。野渡燕穿杨柳雨,芳池鱼戏芰荷风。女子眉纤,额下现一弯新月;男儿气壮,胸中吐万丈长虹。

## 二 冬

春对夏,秋对冬,暮鼓对晨钟。观山对玩水,绿竹对苍松。冯妇虎,叶公龙,舞蝶对鸣蛩。衔泥双紫燕,课蜜几黄蜂。春日园中莺恰恰,秋天塞外雁雍雍。秦岭云横,迢递八千远路;巫山雨洗,嵯峨十二危峰。

明对暗,淡对浓,上智对中庸。镜奁对衣笥,野杵对村舂。花灼烁,草蒙茸,九夏对三冬。台高名戏马,斋小号蟠龙。手擘蟹螯从毕卓,身披鹤氅自王恭。五老峰高,秀插云霄如玉笔;三姑石大,响传风雨若金镛。

仁对义,让对恭,禹舜对羲农。雪花对云叶,芍药对芙蓉。陈后主,汉中宗,绣虎对雕龙。柳塘风淡淡,花圃月浓浓。春日正宜朝看蝶,秋风那更夜闻蛩。战士邀功,必借干戈成勇武;逸民适志,须凭诗酒养疎(同:疏)慵。

## 三 江

　　楼对阁，户对窗，巨海对长江。蓉裳对蕙帐，玉斝对银釭。青布幔，碧油幢，宝剑对金缸。忠心安社稷，利口覆家邦。世祖中兴延马武，桀王失道杀龙逄。秋雨潇潇，漫烂黄花都满径；春风袅袅，扶疏绿竹正盈窗。

　　旌对旆，盖对幢，故国对他邦。千山对万水，九泽对三江。山岌岌，水淙淙，鼓振对钟撞。清风生酒舍，皓月照书窗。阵上倒戈辛纣战，道旁系剑子婴降。夏日池塘，出没浴波鸥对对；春风帘幕，往来营垒燕双双。

　　铢对两，只对双，华岳对湘江。朝车对禁鼓，宿火对塞釭。青琐闼，碧纱窗，汉社对周邦。笙箫鸣细细，钟鼓响㘅㘅。主簿栖鸾名有览，治中展骥姓唯庞。苏武牧羊，雪屡餐于北海；庄周活鲋，水必决于西江。

## 四 支

茶对酒,赋对诗,燕子对莺儿。栽花对种竹,落絮对游丝。四目颉,一足夔,鸲鹆对鹭鸶。半池红菡萏,一架白荼蘼。几阵秋风能应候,一犁春雨甚知时。智伯恩深,国士吞变形之炭;羊公德大,邑人竖堕泪之碑。

行对止,速对迟,舞剑对围棋。花笺对草字,竹简对毛锥。汾水鼎,岘山碑,虎豹对熊罴。花开红锦绣,水漾碧琉璃。去妇因探邻舍枣,出妻为种后园葵。笛韵和谐,仙管恰从云里降;橹声咿轧,渔舟正向雪中移。

戈对甲,鼓对旗,紫燕对黄鹂。梅酸对李苦,青眼对白眉。三弄笛,一围棋,雨打对风吹。海棠春睡早,杨柳昼眠迟。张骏曾为槐树赋,杜陵不作海棠诗。晋士特奇,可比一斑之豹;唐儒博识,堪为五总之龟。

## 五　微

来对往,密对稀,燕舞对莺飞。风清对月朗,露重对烟微。霜菊瘦,雨梅肥,客路对渔矶。晚霞舒锦绣,朝露缀珠玑。夏暑客思欹石枕,秋寒妇念寄边衣。春水才深,青草岸边渔父去;夕阳半落,绿莎原上牧童归。

宽对猛,是对非,服美对乘肥。珊瑚对玳瑁,锦绣对珠玑。桃灼灼,柳依依,绿暗对红稀。窗前莺并语,帘外燕双飞。汉致太平三尺剑,周臻大定一戎衣。吟成赏月之诗,只愁月堕;斟满送春之酒,唯憾春归。

声对色,饱对饥,虎节对龙旗。杨花对桂叶,白简对朱衣。龙也吪,燕于飞,荡荡对巍巍。春暄资日气,秋冷借霜威。出使振威冯奉世,治民异等尹翁归。燕我弟兄,载咏棣棠韡韡;命伊将帅,为歌杨柳依依。

## 六　鱼

　　无对有,实对虚,作赋对观书。绿窗对朱户,宝马对香车。伯乐马,浩然驴,弋雁对求鱼。分金齐鲍叔,奉璧蔺相如。掷地金声孙绰赋,回文锦字窦滔书。未遇殷宗,胥靡困傅岩之筑;既逢周后,太公舍渭水之渔。

　　终对始,疾对徐,短褐对华裾。六朝对三国,天禄对石渠。千字策,八行书,有若对相如。花残无戏蝶,藻密有潜鱼。落叶舞风高复下,小荷浮水卷还舒。爱见人长,共服宣尼休假盖;恐彰己吝,谁知阮裕竟焚车。

　　麟对凤,鳖对鱼,内史对中书。犁锄对耒耜,畎浍对郊墟。犀角带,象牙梳,驷马对安车。青衣能报赦,黄耳解传书。庭畔有人持短剑,门前无客曳长裾。波浪拍船,骇舟人之水宿;峰峦绕舍,乐隐者之山居。

## 七　虞

　　金对玉,宝对珠,玉兔对金乌。孤舟对短棹,一雁对双凫。横醉眼,捻吟须,李白对杨朱。秋霜多过雁,夜月有啼乌。日暖园林花易赏,雪寒村舍酒难沽。人处岭南,善探巨象口中齿;客居江右,偶夺骊龙颔下珠。

　　贤对圣,智对愚,傅粉对施朱。名缰对利锁,挈榼对提壶。鸠哺子,燕调雏,石帐对郇厨。烟轻笼岸柳,风急撼庭梧。鸲眼一方端石砚,龙涎三炷博山垆。曲沼鱼多,可使渔人结网;平田兔少,漫劳耕者守株。

　　秦对赵,越对吴,钓客对耕夫。箕裘对杖履,杞梓对桑榆。天欲晓,日将晡,狡兔对妖狐。读书甘刺股,煮粥惜焚须。韩信武能平四海,左思文足赋三都。嘉遁幽人,适志竹篱茅舍;胜游公子,玩情柳陌花衢。

## 八　齐

岩对岫，涧对溪，远岸对危堤。鹤长对凫短，水雁对山鸡。星拱北，月流西，汉露对汤霓。桃林牛已放，虞坂马长嘶。叔侄去官闻广受，弟兄让国有夷齐。三月春浓，芍药丛中蝴蝶舞；五更天晓，海棠枝上子规啼。

云对雨，水对泥，白璧对玄圭。献瓜对投李，禁鼓对征鼙。徐稚榻，鲁班梯，凤翥对鸾栖，有官清似水，无客醉如泥。截发唯闻陶侃母，断机只有乐羊妻。秋望佳人，目送楼头千里雁；早行远客，梦惊枕上五更鸡。

熊对虎，象对犀，霹雳对虹霓。杜鹃对孔雀，桂岭对梅溪。萧史凤，宋宗鸡，远近对高低。水寒鱼不跃，林茂鸟频栖。杨柳和烟彭泽县，桃花流水武陵溪。公子追欢，闲骤玉骢游绮陌；佳人倦绣，闷欹珊枕掩香闺。

## 九 佳

河对海,汉对淮,赤岸对朱崖。鹭飞对鱼跃,宝钿对金钗。鱼圉圉,鸟喈喈,草履对芒鞋。古贤尝笃厚,时辈喜诙谐。孟训文公谈性善,颜师孔子问心斋。缓抚琴弦,像流莺而并语;斜排筝柱。类过雁之相挨。

丰对俭,等对差,布袄对荆钗。雁行对鱼阵,榆塞对兰崖。挑荠女,采莲娃,菊径对苔阶。诗成六义备,乐奏八音谐。造律吏哀秦法酷,知音人说郑声哇。天欲飞霜,塞上有鸿行已过;云将作雨,庭前多蚁阵先排。

城对市,巷对街,破屋对空阶。桃枝对桂叶,砌蚓对墙蜗。梅可望,橘堪怀,季路对高柴。花藏沽酒市,竹映读书斋。马首不容孤竹扣,车轮终就洛阳埋。朝宰锦衣,贵束乌犀之带;宫人宝髻,宜簪白燕之钗。

## 十　灰

增对损,闭对开,碧草对苍苔。书签对笔架,两曜对三台。周召虎,宋桓魋,阆苑对蓬莱。熏风生殿阁,皓月照楼台。却马汉文思罢献,吞蝗唐太冀移灾。照耀八荒,赫赫丽天秋日;震惊百里,轰轰出地春雷。

沙对水,火对灰,雨雪对风雷。书淫对传癖,水浒对岩隈。歌旧曲,酿新醅,舞馆对歌台。春棠经雨放,秋菊傲霜开。作酒固难忘曲蘖,调羹必要用盐梅。月满庚楼,据胡床而可玩;花开唐苑,轰羯鼓以奚催。

休对咎,福对灾,象箸对犀杯。宫花对御柳,峻阁对高台。花蓓蕾,草根荄,剔藓对剜苔。雨前庭蚁闹,霜后阵鸿哀。元亮南窗今日傲,孙弘东阁几时开。平展青茵,野外茸茸软草;高张翠幄,庭前郁郁凉槐。

## 十一 真

邪对正,假对真,獬豸对麒麟。韩卢对苏雁,陆橘对庄椿。韩五鬼,李三人,北魏对西秦。蝉鸣哀暮夏,莺啭怨残春。野烧焰腾红烁烁,溪流波皱碧粼粼。行无踪,居无庐,颂成酒德;动有时,藏有节,论著钱神。

哀对乐,富对贫,好友对嘉宾。弹冠对结绶,白日对青春。金翡翠,玉麒麟,虎爪对龙鳞。柳塘生细浪,花径起香尘。闲爱登山穿谢屐,醉思漉酒脱陶巾。雪冷霜严,倚槛松筠同傲岁;日迟风暖,满园花柳各争春。

香对火,炭对薪,日观对天津。禅心对道眼,野妇对宫嫔。仁无敌,德有邻,万石对千钧。滔滔三峡水,冉冉一溪冰。充国功名当画阁,子张言行贵书绅。笃志诗书,思入圣贤绝域;忘情官爵,羞沾名利纤尘。

## 十二 文

家对国,武对文,四辅对三军。九经对三史,菊馥对兰芬。歌北鄙,咏南薰,迩听对遥闻。召公周太保,李广汉将军。闻化蜀民皆草偃,争权晋土已瓜分。巫峡夜深,猿啸苦哀巴地月;衡峰秋早,雁飞高贴楚天云。

欹对正,见对闻,偃武对修文。羊车对鹤驾,朝旭对晚曛。花有艳,竹成文,马燧对羊欣。山中梁宰相,树下汉将军。施帐解围嘉道韫,当垆沽酒叹文君。好景有期,北岭几枝梅似雪;丰年先兆,西郊千顷稼如云。

尧对舜,夏对殷,蔡惠对刘蕡。山明对水秀,五典对三坟。唐李杜,晋机云,事父对忠君。雨晴鸠唤妇,霜冷雁呼群。酒量洪深周仆射,诗才俊逸鲍参军。鸟翼长随,凤兮询众禽长;狐威不假,虎也真百兽尊。

## 十三 元

幽对显，寂对喧，柳岸对桃源。莺朋对燕友，早暮对寒暄。鱼跃沼，鹤乘轩，醉胆对吟魂。轻尘生范甑，积雪拥袁门。缕缕轻烟芳草渡，丝丝微雨杏花村。诣阙王通，献太平十二策；出关老子，著道德五千言。

儿对女，子对孙，药圃对花村。高楼对邃阁，赤豹对玄猿。妃子骑，夫人轩，旷野对平原。匏巴能鼓瑟，伯氏善吹埙。馥馥早梅思驿使，萋萋芳草怨王孙。秋夕月明，苏子黄岗游绝壁；春朝花发，石家金谷启芳园。

歌对舞，德对恩，犬马对鸡豚。龙池对凤沼，雨骤对云屯。刘向阁，李膺门，唳鹤对啼猿。柳摇春白昼，梅弄月黄昏，岁冷松筠皆有节，春喧桃李本无言。噪晚齐蝉，岁岁秋来泣恨；啼宵蜀鸟，年年春去伤魂。

## 十四 寒

多对少，易对难，虎踞对龙蟠。龙舟对凤辇，白鹤对青鸾。风淅淅，露溥溥，绣毂对雕鞍。鱼游荷叶沼，鹭立蓼花滩。有酒阮貂奚用解，无鱼冯铗必须弹。丁固梦松，柯叶忽然生腹上；文郎画竹，枝梢倏尔长毫端。

寒对暑，湿对干，鲁隐对齐桓。寒毡对暖席，夜饮对晨餐。叔子带，仲由冠，郑鄏对邯郸。嘉禾忧夏旱，衰柳耐秋寒。杨柳绿遮元亮宅，杏花红映仲尼坛。江水流长，环绕似青罗带；海蟾轮满，澄明如白玉盘。

横对竖，窄对宽，黑志对弹丸。朱帘对画栋，彩槛对雕栏。春既老，夜将阑，百辟对千官。怀仁称足足，抱义美般般。好马君王曾市骨，食猪处士仅思肝。世仰双仙，元礼舟中携郭泰；人称连璧，夏侯车上并潘安。

## 十五　删

兴对废,附对攀,露草对霜菅,歌廉对借寇,习孔对希颜。山垒垒,水潺潺,奉璧对探镮。礼由公旦作,诗本仲尼删。驴困客方经灞水,鸡鸣人已出函关。几夜霜飞,已有苍鸿辞北塞;数朝雾暗,岂无玄豹隐南山。

犹对尚,侈对悭,雾髻对烟鬟。莺啼对鹊噪,独鹤对双鹇。黄牛峡,金马山,结草对衔环。昆山唯玉集,合浦有珠还。阮籍旧能为眼白,老莱新爱着衣斑。栖迟避世人,草衣木食;窈窕倾城女,云鬓花颜。

姚对宋,柳对颜,赏善对惩奸。愁中对梦里,巧慧对痴顽。孔北海,谢东山,使越对征蛮。淫声闻濮上,离曲听阳关。骁将袍披仁贵白,小儿衣着老莱斑。茅舍无人,难却尘埃生榻上;竹亭有客,尚留风月在窗间。

# 声律启蒙

## 下卷

## 一　先

　　晴对雨，地对天，天地对山川。山川对草木，赤壁对青田。郑厫鼎，武城弦，木笔对苔钱。金城三月柳，玉井九秋莲。何处春朝风景好，谁家秋夜月华圆。珠缀花梢，千点蔷薇香露；练横树杪，几丝杨柳残烟。

　　前对后，后对先，众丑对孤妍。莺簧对蝶板，虎穴对龙渊。击石磬，观韦编，鼠目对鸢肩。春园花柳地，秋沼芰荷天。白羽频挥闲客坐，乌纱半坠醉翁眠。野店几家，羊角风摇沽酒斾；长川一带，鸭头波泛卖鱼船。

　　离对坎，震对乾，一日对千年。尧天对舜日，蜀水对秦川。苏武节，郑虔毡，涧壑对林泉。挥戈能退日，持管莫窥天。寒食芳辰花烂熳，中秋佳节月婵娟。梦里荣华，飘忽枕中之客；壶中日月，安闲市上之仙。

## 二　萧

恭对慢，吝对骄，水远对山遥。松轩对竹槛，雪赋对风谣。乘五马，贯双雕，烛灭对香消。明蟾常彻夜，骤雨不终朝。楼阁天凉风飒飒，关河地隔雨潇潇。几点鹭鸶，日暮常飞红蓼岸；一双鸂鶒，春朝频泛绿杨桥。

开对落，暗对昭，赵瑟对虞韶。轺车对驿骑，锦绣对琼瑶。羞攘臂，懒折腰，范甑对颜瓢。寒天鸳帐酒，夜月凤台箫。舞女腰肢杨柳软，佳人颜貌海棠娇。豪客寻春，南陌草青香阵阵；闲人避暑，东堂蕉绿影摇摇。

班对马，董对晁，夏昼对春宵。雷声对电影，麦穗对禾苗。八千路，廿四桥，总角对垂髫。露桃匀嫩脸，风柳舞纤腰。贾谊赋成伤鵩鸟，周公诗就托鸱鸮。幽寺寻僧，逸兴岂知俄尔尽；长亭送客，离魂不觉黯然消。

## 三 肴

风对雅，象对爻，巨蟒对长蛟。天文对地理，蟋蟀对螵蛸。龙生矫，虎咆哮，北学对东胶。筑台须垒土，成屋必诛茅。潘岳不忘秋兴赋，边韶常被昼眠嘲。抚养群黎，已见国家隆治；滋生万物，方知天地泰交。

蛇对虺，蜃对蛟，麟薮对鹊巢。风声对月色，麦穗对桑苞。何妥难，子云嘲，楚甸对商郊。五音唯耳听，万虑在心包。葛被汤征因仇饷，楚遭齐伐责包茅。高矣若天，洵是圣人大道；淡而如水，实为君子神交。

牛对马，犬对猫，旨酒对嘉肴。桃红对柳绿，竹叶对松梢，藜杖叟，布衣樵，北野对东郊。白驹形皎皎，黄鸟语交交。花圃春残无客到，柴门夜永有僧敲。墙畔佳人，飘扬竞把秋千舞；楼前公子，笑语争将蹴鞠抛。

## 四　豪

　　琴对瑟,剑对刀,地远对天高。峨冠对博带,紫绶对绯袍。煎异茗,酌香醪,虎兕对猿猱。武夫攻骑射,野妇务蚕缫。秋雨一川淇澳竹,春风两岸武陵桃。螺髻青浓,楼外晚山千仞;鸭头绿腻,溪中春水半篙。

　　刑对赏,贬对褒,破斧对征袍。梧桐对橘柚,枳棘对蓬蒿。雷焕剑,吕虔刀,橄榄对葡萄。一椽书舍小,百尺酒楼高。李白能诗时秉笔,刘伶爱酒每哺糟。礼别尊卑,拱北众星常灿灿;势分高下,朝东万水自滔滔。

　　瓜对果,李对桃,犬子对羊羔。春分对夏至,谷水对山涛。双凤翼,九牛毛,主逸对臣劳。水流无限阔,山耸有余高。雨打村童新牧笠,尘生边将旧征袍。俊士居官,荣引鹓鸿之序;忠臣报国,誓殚犬马之劳。

## 五 歌

山对水，海对河，雪竹对烟萝。新欢对旧恨，痛饮对高歌。琴再抚，剑重磨，媚柳对枯荷。荷盘从雨洗，柳线任风搓。饮酒岂知欹醉帽，观棋不觉烂樵柯。山寺清幽，直踞千寻云岭；江楼宏敞，遥临万顷烟波。

繁对简，少对多，里咏对途歌。宦情对旅况，银鹿对铜驼。刺史鸭，将军鹅，玉律对金科。古堤垂弹柳，曲沼长新荷。命驾吕因思叔夜，引车蔺为避廉颇。千尺水帘，今古无人能手卷；一轮月镜，乾坤何匠用功磨。

霜对露，浪对波，径菊对池荷。酒阑对歌罢，日暖对风和。梁父咏，楚狂歌，放鹤对观鹅。史才推永叔，刀笔仰萧何。种橘犹嫌千树少，寄梅谁信一枝多。林下风生，黄发村童推牧笠；江头日出，皓眉溪叟晒渔蓑。

## 六 麻

松对柏,缕对麻,蚁阵对蜂衙。赪鳞对白鹭,冻雀对昏鸦,白堕酒,碧沉茶,品笛对吹笳。秋凉梧堕叶,春暖杏开花。雨长苔痕侵壁砌,月移梅影上窗纱。飒飒秋风,度城头之筚篥;迟迟晚照,动江上之琵琶。

优对劣,凸对凹,翠竹对黄花。松杉对杞梓,菽麦对桑麻。山不断,水无涯,煮酒对烹茶。鱼游池面水,鹭立岸头沙。百亩风翻陶令秫,一畦雨熟邵平瓜。闲捧竹根,饮李白一壶之酒;偶擎桐叶,啜卢仝七碗之茶。

吴对楚,蜀对巴,落日对流霞。酒钱对诗债,柏叶对松花。驰驿骑,泛仙槎,碧玉对丹砂。设桥偏送笋,开道竟还瓜。楚国大夫沉汨水,洛阳才子谪长沙。书箧琴囊,乃士流活计;药炉茶鼎,实闲客生涯。

## 七 阳

高对下，短对长，柳影对花香。词人对赋客，五帝对三王。深院落，小池塘，晚眺对晨妆。绛霄唐帝殿，绿野晋公堂。寒集谢庄衣上雪，秋添潘岳鬓边霜。人浴兰汤，事不忘于端午；客斟菊酒，兴常记于重阳。

尧对舜，禹对汤，晋宋对隋唐。奇花对异卉，夏日对秋霜。八叉手，九回肠，地久对天长。一堤杨柳绿，三径菊花黄。闻鼓塞兵方战斗，听钟宫女正梳妆。春饮方归，纱帽半淹邻舍酒；早朝初退，衮衣微惹御炉香。

荀对孟，老对庄，鞞柳对垂杨。仙宫对梵宇，小阁对长廊。风月窟，水云乡，蟋蟀对螳螂。暖烟香霭霭，寒烛影煌煌。伍子欲酬渔父剑，韩生尝窃贾公香。三月韶光，常忆花明柳媚；一年好景，难忘橘绿橙黄。

## 八　庚

　　深对浅，重对轻，有影对无声。蜂腰对蝶翅，宿醉对余醒。天北缺，日东生，独卧对同行。寒冰三尺厚，秋月十分明。万卷书容闲客览，一樽酒待故人倾。心侈唐玄，厌看霓裳之曲；意骄陈主，饱闻玉树之赓。

　　虚对实，送对迎，后甲对先庚。鼓琴对舍瑟，搏虎对骑鲸。金匼匝，玉玪玎，玉宇对金茎。花间双粉蝶，柳内几黄莺。贫里每甘藜藿味，醉中厌听管弦声。肠断秋闺，凉吹已侵重被冷；梦惊晓枕，残蟾犹照半窗明。

　　渔对猎，钓对耕，玉振对金声。雉城对雁塞，柳衮对葵倾。吹玉笛，弄银笙，阮杖对桓筝。墨呼松处士，纸号楮先生。露浥好花潘岳县，风搓细柳亚夫营。抚动琴弦，遽觉座中风雨至；哦成诗句，应知窗外鬼神惊。

## 九 青

红对紫,白对青,渔火对禅灯。唐诗对汉史,释典对仙经。龟曳尾,鹤梳翎,月榭对风亭。一轮秋夜月,几点晓天星。晋士只知山简醉,楚人谁识屈原醒。绣倦佳人,慵把鸳鸯文作枕;吮毫画者,思将孔雀写为屏。

行对坐,醉对醒,佩紫对纡青。棋枰对笔架,雨雪对雷霆。狂蛱蝶,小蜻蜓,水岸对沙汀。天台孙绰赋,剑阁孟阳铭。传信子卿千里雁,照书车胤一囊萤。冉冉白云,夜半高遮千里月;澄澄碧水,宵中寒映一天星。

书对史,传对经,鹦鹉对鹡鸰。黄茅对白荻,绿草对青萍。风绕铎,雨淋铃,水阁对山亭。渚莲千朵白,岸柳两行青。汉代宫中生秀柞,尧时阶畔长祥蓂。一枰决胜,棋子分黑白;半幅通灵,画色间丹青。

## 十　蒸

　　新对旧，降对升，白犬对苍鹰。葛巾对藜杖，涧水对池冰。张兔网，挂鱼罾，燕雀对鹍鹏。炉中煎药火，窗下读书灯。织锦逐梭成舞凤，画屏误笔作飞蝇。宴客刘公，座上满斟三雅爵；迎仙汉帝，宫中高插九光灯。

　　儒对士，佛对僧，面友对心朋。春残对夏老，夜寝对晨兴。千里马，九霄鹏，霞蔚对云蒸。寒堆阴岭雪，春泮水池冰。亚父愤生撞玉斗，周公誓死作金縢。将军元晖，莫怪人讥为饿虎；侍中卢昶，难逃世号作饥鹰。

　　规对矩，墨对绳，独步对同登。吟哦对讽咏，访友对寻僧。风绕屋，水襄陵，紫鹄对苍鹰。鸟寒惊夜月，鱼暖上春冰。扬子口中飞白凤，何郎鼻上集青蝇。巨鲤跃池，翻几重之密藻；颠猿饮涧，挂百尺之垂藤。

## 十一 尤

荣对辱，喜对忧，夜宴对春游。燕关对楚水，蜀犬对吴牛。茶敌睡，酒消愁，青眼对白头。马迁修史记，孔子作春秋。适兴子猷常泛棹，思归王粲强登楼。窗下佳人，妆罢重将金插鬓；筵前舞妓，曲终还要锦缠头。

唇对齿，角对头，策马对骑牛。毫尖对笔底，绮阁对雕镂。杨柳岸，荻芦洲，语燕对啼鸠。客乘金络马，人泛木兰舟。绿野耕夫春举耜，碧池渔父晚垂钩。波浪千层，喜见蛟龙得水；云霄万里，惊看雕鹗横秋。

庵对寺，殿对楼，酒艇对渔舟。金龙对彩凤，獭豕对童牛。王郎帽，苏子裘，四季对三秋。峰峦扶地秀，江汉接天流。一湾绿水渔村小，万里青山佛寺幽。龙马呈河，羲皇阐微而画卦；神龟出洛，禹王取法以陈畴。

## 十二 侵

眉对目,口对心,锦瑟对瑶琴。晓耕对寒钓,晚笛对秋砧。松郁郁,竹森森,闵损对曾参。秦王亲击缶,虞帝自挥琴。三献卞和尝泣玉,四知杨震固辞金。寂寂秋朝,庭叶因霜摧嫩色;沉沉春夜,砌花随月转清阴。

前对后,古对今,野兽对山禽。犍牛对牝马,水浅对山深。曾点瑟,戴逵琴,璞玉对浑金。艳红花弄色,浓绿柳敷阴。不雨汤王方剪爪,有风楚子正披襟。书生惜壮岁韶华,寸阴尺璧;游子爱良宵光景,一刻千金。

丝对竹,剑对琴,素志对丹心。千愁对一醉,虎啸对龙吟。子罕玉,不疑金,往古对来今。天寒邹吹律,岁旱傅为霖。渠说子规为帝魄,侬知孔雀是家禽。屈子沉江,处处舟中争系粽;牛郎渡渚,家家台上竞穿针。

## 十三 覃

千对百，两对三，地北对天南。佛堂对仙洞，道院对禅庵。山泼黛，水挼蓝，雪岭对云潭。凤飞方翙翙，虎视已眈眈。窗下书生时讽咏，筵前酒客日耽酣。白草满郊，秋日牧征人之马；绿桑盈亩，春时供农妇之蚕。

将对欲，可对堪，德被对恩覃。权衡对尺度，雪寺对云庵。安邑枣，洞庭柑，不愧对无惭。魏徵能直谏，王衍善清谈。紫梨摘去从山北，丹荔传来自海南。攘鸡非君子所为，但当月一；养狙是山公之智，止用朝三。

中对外，北对南，贝母对宜男。移山对浚井，谏苦对言甘。千取百，二为三，魏尚对周堪。海门翻夕浪，山市拥晴岚。新缔直投公子纻，旧交犹脱馆人骖。文在淹通，已咏冰兮寒过水；永和博雅，可知青者胜于蓝。

## 十四 盐

悲对乐,爱对嫌,玉兔对银蟾。醉侯对诗史,眼底对眉尖。风习习,雨绵绵,李苦对瓜甜。画堂施锦帐,酒市舞青帘。横槊赋诗传孟德,引壶酌酒尚陶潜。两曜迭明,日东生而月西出;五行式序,水下润而火上炎。

如对似,减对添,绣幕对朱帘。探珠对献玉,鹭立对鱼潜。玉屑饭,水晶盐,手剑对腰镰。燕巢依邃阁,蛛网挂虚檐。夺槊至三唐敬德,弈棋第一晋王恬。南浦客归,湛湛春波千顷净;西楼人悄,弯弯夜月一钩纤。

逢对遇,仰对瞻,市井对间阎。投簪对结绶,握发对掀髯。张绣幕,卷珠帘,石碏对江淹。宵征方肃肃,夜饮已厌厌。心褊小人长戚戚,礼多君子屡谦谦。美刺殊文,备三百五篇诗咏;吉凶异画,变六十四卦爻占。

## 十五 咸

清对浊,苦对咸,一启对三缄。烟蓑对雨笠,月榜对风帆。莺睍睆,燕呢喃,柳杞对松杉。情深悲素扇,泪痛湿青衫。汉室既能分四姓,周朝何用叛三监。破的而探牛心,豪矜王济;竖竿以挂犊鼻,贫笑阮咸。

能对否,圣对贤,卫瓘对浑瑊。雀罗对鱼网,翠巘对苍岩。红罗帐,白布衫,笔格对书函。蕊香蜂竞采,泥软燕争衔。凶孽誓清闻祖逖,王家能义有巫咸。溪叟新居,渔舍清幽临水岸;山僧久隐,梵宫寂寞倚云岩。

冠对带,帽对衫,议鲠对言谗。行舟对御马,俗弊对民岩。鼠且硕,兔多毚,史册对书缄。塞城闻奏角,江浦认归帆。河水一源形弥弥,泰山万仞势岩岩。郑为武公,赋缁衣而美德;周因巷伯,歌贝锦以伤谗。

# 笠翁对韵

## 上卷

## 一　东

天对地，雨对风。大陆对长空。山花对海树，赤日对苍穹。雷隐隐，雾蒙蒙。日下对天中。风高秋月白，雨霁晚霞红。牛女二星河左右，参商两曜斗西东。十月塞边，飒飒寒霜惊戍旅；三冬江上，漫漫朔雪冷渔翁。

河对汉，绿对红。雨伯对雷公。烟楼对雪洞，月殿对天宫。云叆叇，日曈朦。腊屐对渔篷。过天星似箭，吐魂月如弓。驿旅客逢梅子雨，池亭人挹荷花风。茅店村前，皓月坠林鸡唱韵；板桥路上，青霜锁道马行踪。

山对海，华对嵩。四岳对三公。宫花对禁柳，塞雁对江龙。清暑殿，广寒宫。拾翠对题红。庄周梦化蝶，吕望兆飞熊。北牖当风停夏扇，南帘曝日省冬烘。鹤舞楼头，玉笛弄残仙子月；凤翔台上，紫箫吹断美人风。

## 二 冬

晨对午，夏对冬。下饷对高舂。青春对白昼，古柏对苍松。垂钓客，荷锄翁。仙鹤对神龙。凤冠珠闪烁，螭带玉玲珑。三元及第才千顷，一品当朝禄万钟。花萼楼前，仙李盘根调国脉；沉香亭畔，娇杨擅宠起边风。

清对淡，薄对浓。暮鼓对晨钟。山茶对石菊，烟锁对云封。金菡萏，玉芙蓉。绿绮对青锋。早汤先宿酒，晚食继朝饔。唐库金钱能化蝶，延津宝剑会成龙。巫峡浪传，云雨荒唐神女庙；岱宗遥望，儿孙罗列丈人峰。

繁对简，叠对重。意懒对心慵。仙翁对释伴，道范对儒宗。花灼灼，草茸茸。浪蝶对狂蜂。数竿君子竹，五树大夫松。高皇灭项凭三杰，虞帝承尧殛四凶。内苑佳人，满地风光愁不尽；边关过客，连天烟草憾无穷。

## 三 江

奇对偶，只对双。大海对长江。金盘对玉盏，宝烛对银钉。朱漆槛，碧纱窗。舞调对歌腔。汉兴推马武，夏谏著龙逄。四收列国群王服，三筑高城众敌降。跨凤登台，潇洒仙姬秦月玉；斩蛇当道，英雄天子汉刘邦。

颜对貌，像对庞。步辇对徒杠。停针对搁竺，意懒对心降。灯闪闪，月幢幢。揽辔对飞艭。柳堤驰骏马，花院吠村狵。酒量微熏琼杏颊，香尘没印玉莲双。诗写丹枫，韩夫幽怀流节水；泪弹斑竹，舜妃遗憾积湘江。

## 四 支

泉对石,干对枝。吹竹对弹丝。山亭对水榭,鹦鹉对鸬鹚。五色笔,十香词。泼墨对传卮。神奇韩干画,雄浑李陵诗。几处花街新夺锦,有人香径淡凝脂。万里烽烟,战士边头争宝塞;一犁膏雨,农夫村外尽乘时。

俎对醢,赋对诗。点漆对描脂。瑶簪对珠履,剑客对琴师。沽酒价,买山资。国色对仙姿。晚霞明似锦,春雨细如丝。柳绊长堤千万树,花横野寺两三枝。紫盖黄旗,天象预占江左地;青袍白马,童谣终应寿阳儿。

箴对赞,缶对卮。萤炤对蚕丝。轻裾对长袖,瑞草对灵芝。流涕策,断肠诗。喉舌对腰肢。云中熊虎将,天上凤凰儿。禹庙千年垂橘柚,尧阶三尺覆茅茨。湘竹含烟,腰下轻纱笼玳瑁;海棠经雨,脸边清泪湿胭脂。

争对让,望对思。野葛对山栀。仙风对道骨,天造对人为。专诸剑,博浪椎。经纬对干支。位尊民物主,德重帝王师。望切不妨人去远,心忙无奈马行迟。金屋闭来,赋乞茂林题柱笔;玉楼成后,记须昌谷负囊词。

## 五　微

　　贤对圣，是对非。觉奥对参微。鱼书对雁字，草舍对柴扉。鸡晓唱，雉朝飞。红瘦对绿肥。举杯邀月饮，骑马踏花归。黄盖能成赤壁捷，陈平善解白登危。太白书堂，瀑泉垂地三千尺；孔明祀庙，老柏参天四十围。

　　戈对甲，幄对帏。荡荡对巍巍。严滩对邵圃，靖菊对夷薇。占鸿渐，采凤飞。虎榜对龙旗。心中罗锦绣，口内吐珠玑。宽宏豁达高皇量，叱咤喑哑霸主威。灭项兴刘，狡兔尽时走狗死；连吴拒魏，貔貅屯处卧龙归。

　　衰对盛，密对稀。祭服对朝衣。鸡窗对雁塔，秋榜对春闱。乌衣巷，燕子矶。久别对初归。天姿真窈窕，圣德实光辉。蟠桃紫阙来金母，岭荔红尘进玉妃。霸主军营，亚父丹心撞玉斗；长安酒市，谪仙狂兴换银龟。

## 六 鱼

　　羹对饭,柳对榆。短袖对长裾。鸡冠对凤尾,芍药对芙蕖。周有若,汉相如。玉屋对匡庐。月明山寺远,风细水亭虚。壮士腰间三尺剑,男儿腹内五车书。疏影暗香,和靖孤山梅蕊放;轻阴清昼,渊明旧宅柳条舒。

　　吾对汝,尔对余。选授对升除。书籍对药柜,耒耜对樵锄。参虽鲁,回不愚。阀阅对阎闾。诸侯知乘国,命妇七香车。穿云采药闻仙犬,踏雪寻梅策蹇驴。玉兔金乌,二气精灵为日月;洛龟河马,五行生克在图书。

　　欹对正,密对疏。囊橐对苞苴。罗浮对壶峤,水曲对山纡。骖鹤驾,待鸾舆。杰溺对长沮。搏虎卞庄子,当熊冯婕妤。南阳高士吟梁妇,西蜀才人赋子虚。三径风光,白石黄花供杖履;五湖烟景,青山绿水在樵渔。

## 七　虞

红对白,有对无。布谷对提壶。毛椎对羽扇,天阙对皇都。谢蝴蝶,郑鹧鸪。蹈海对归湖。花肥春雨润,竹瘦晚风疏。麦饭豆麋终创汉,尊羹鲈脍竟归吴。琴调轻弹,杨柳月中潜去听;酒旗斜挂,杏花村里共来沽。

罗对绮,茗对蔬。柏秀对松枯。中元对上巳,返璧对还珠。云梦泽,洞庭湖。玉烛对冰壶。苍头犀角带,绿鬓象牙梳。松阴白鹤声相应,镜里青鸾影不孤。竹户半开,对牖不知人在否;柴门深闭,停车还有客来无。

宾对主,婢对奴。宝鸭对金凫。升堂对入室,鼓瑟对投壶。砚合璧,颂联珠。提瓮对当垆。仰高红日尽,望远白云孤。歆向秘书窥二酉,机云芳誉动三吴。祖饯三杯,老去常斟花下酒;荒田五亩,归来独荷月中锄。

君对父,魏对吴。北岳对西湖。菜蔬对茶饭,苴笋对菖蒲。梅花数,竹叶符。廷议对山呼。两都班固赋,八阵孔明图。田庆紫荆堂下茂,王裒青柏墓前枯。出塞中郎,羝有乳时归汉室;质秦太子,马生角日返燕都。

## 八 齐

鸾对凤,犬对鸡。塞北对关西。长生对益智,老幼对旅倪。颂竹策,剪桐圭。剥枣对蒸梨。绵腰如弱柳,嫩手似柔荑。狡龟能穿三穴隐,鹪鹩权借一枝栖。角里先生,策杖垂绅扶少主;于陵仲子,辟纑织履赖贤妻。

鸣对吠,泛对栖。燕语对莺啼。珊瑚对玛瑙,琥珀对玻璃。绛县老,伯州梨。测蠡对然犀。榆槐堪作荫,桃李自成蹊。投巫救女西门豹,赁浣逢到百里奚。阙里门墙,陋巷规模原不陋;隋堤基址,迷楼踪迹亦全迷。

越对赵,楚对齐。柳岸对桃溪。纱窗对绣户,画阁对香闺。修月斧,上天梯。螮蝀对虹霓。行乐游春圃,工谀病夏畦。李广不封空射虎,魏明得立为存麑。按辔徐行,细柳功成劳王敬;闻声稍卧,临泾名震止儿啼。

## 九　佳

门对户，陌对街。枝叶对根荄。斗鸡对挥麈，凤髻对鸾钗。登楚岫，渡秦淮。子规对夫差。石鼎龙头缩，银筝雁翅排。百年诗礼延余庆，万里风云入壮怀。能辨明伦，死矣野哉悲季路；不由径袜，生乎愚也有高柴。

冠对履，袜对鞋。海角对天涯。鸡人对虎旅，六市对三街。陈俎豆，戏堆埋。皎皎对皑皑。贤相聚东阁，良明集小斋。梦里山川书越绝，枕边风月记齐谐。三径萧疏，彭泽高风怡五柳；六朝华贵，琅琊佳气种三槐。

勤对俭，巧对乖。水榭对山斋。冰桃对雪藕，漏箭对更牌。寒翠袖，贵金钗。慷慨对诙谐。竹径风声籁，花溪月影筛。携囊佳句随时贮，荷锸沉酣到处埋。江海孤踪，云浪风涛惊旅梦；乡关万里，烟峦云树切归怀。

杞对梓，桧对楷。水泊对山崖。舞裙对歌袖，玉陛对瑶阶。风入袂，月盈怀。虎兕对狼豺。马融堂上帐，羊侃水中斋。北面黉宫宜拾芥，东巡岱畤定燔柴。锦缆春江，横笛洞箫通碧落；华灯夜月，遗簪堕翠遍香街。

## 十　灰

　　春对夏，喜对哀。大手对长才。风清对月朗，地阔对天开。游阆苑，醉蓬莱。七政对三台。青龙壶老杖，白燕玉人钗。香风十里望仙阁，明月一天思子台。玉洁冰桃，王母几因求道降；连舟藜杖，真人原为读书来。

　　朝对暮，去对来。庶矣对康哉。马肝对鸡肋，杏眼对桃腮。佳兴适，好怀开。朔雪对春雷。云移鸴鹊观，日晒凤凰台。河边淑气迎芳草，林下轻风待落梅。柳媚花明，燕语莺声浑是笑；松号柏舞，猿啼鹤唳总成哀。

　　忠对信，博对赅。忖度对疑猜。香消对烛暗，鹊喜对蛩哀。金花报，玉镜台。倒屣对衔杯。岩巅横老树，石磴覆苍苔。雪满山中高士卧，月明林下美人来。绿柳沿堤，皆因苏子来时种；碧桃满观，尽是刘郎去后栽。

## 十一 真

莲对菊,凤对麟。浊富对清贫。渔庄对佛舍,松盖对花茵。萝月叟,葛天民。国宝对家珍。草迎金埒马,花醉玉楼人。巢燕三春尝唤友,塞鸿八月始来宾。古往今来,谁见泰山曾作砺;天长地久,人传沧海几扬尘。

兄对弟,吏对民。父子对君臣。勾丁对甫甲,赴卯对同寅。折桂客,簪花人。四皓对三仁。王乔云外鸟,郭泰雨中巾。人交好友求三益,士有贤妻备五伦。文教南宣,武帝平蛮开百越;义旗西指,韩侯扶汉卷三秦。

申对午,侃对誾。阿魏对茵陈。楚兰对湘芷,碧柳对青筠。花馥馥,叶蓁蓁。粉颈对朱唇。曹公奸似鬼,尧帝智如神。南阮才郎差北富,东邻丑女效西颦。色艳北堂,草号忘忧忧甚事?香浓南国,花名含笑笑何人。

## 十二 文

忧对喜,戚对欣。五典对三坟。佛经对仙语,夏耨对春耘。烹早韭,剪春芹。暮雨对朝云。竹间斜白接,花下醉红裙。掌握灵符五岳篆,腰悬宝剑七星纹。金锁未开,上相趋听宫漏水;珠帘半卷,翻僚仰对御炉熏。

词对赋,懒对勤。类聚对群分。鸾箫对凤笛,带草对香芸。燕许笔,韩柳文。旧话对新闻。赫赫周南仲,翩翩晋右军。六国说成苏子贵,两京收复郭公勋。汉阙陈书,侃侃忠言推贾谊;唐廷对策,岩岩直谏有刘蕡。

言对笑,绩对勋。鹿豕对羊羵。星冠对月扇,把袂对书裙。汤事葛,说兴殷。萝月对松云。西池青鸟使,北塞黑鸦军。文武成康为一代,魏吴蜀汉定三分。桂苑秋宵,明月三杯邀曲客;松亭夏日,熏风一曲奏桐君。

## 十三　元

卑对长,季对昆。永巷对长门。山亭对水阁,旅舍对军屯。杨子渡,谢公墩。德重对年尊。承乾对出震,叠坎对重坤。志士报君思犬马,仁王养老察鸡豚。远水平沙,有客泛舟桃叶渡;斜风细雨,何人携榼杏花村。

君对相,祖对孙。夕照对朝曛。兰台对桂殿,海岛对山村。碑堕泪,赋招魂。报怨对怀恩。陵埋金吐气,田种玉生根。相府珠帘垂白昼,边城画角对黄昏。枫叶半山,秋去烟霞堪倚杖;梨花满地,夜来风雨不开门。

## 十四　寒

家对国,治对安。地主对天官。坎男对离女,周诰对殷盘。三三暖,九九寒。杜撰对包弹。古壁蛩声匝,闲亭鹤影单。燕出帘边春寂寂,莺闻枕上漏珊珊。池柳烟飘,日夕郎归青锁闼;阶花雨过,月明人倚玉栏杆。

肥对瘦,窄对宽。黄犬对青鸾。指环对腰带,洗钵对投竿。诛倭剑,进贤冠。画栋对雕栏。双垂白玉箸,九转紫金丹。陕右棠高怀召伯,河南花满忆潘安。陌上芳春,弱柳当风披彩线;池中清晓,碧荷承露捧珠盘。

行对卧,听对看。鹿洞对鱼滩。蛟腾对豹变,虎踞对龙蟠。风凛凛,雪漫漫。手辣对心酸。莺莺对燕燕,小小对端端。蓝水远从千涧落,玉山高并两峰寒。至圣不凡,嬉戏六龄陈俎豆;老莱大孝,承欢七衮舞斑斓。

## 十五 删

　　林对坞,岭对峦。昼永对春闲。谋深对望重,任大对投艰。裾裦裦,佩珊珊。守塞对当关。密云千里合,新月一钩弯。叔宝君臣皆纵逸,重华父母是嚚顽。名动帝畿,西蜀三苏来日下;壮游京洛,东吴二陆起云间。

　　临对仿,吝对悭。讨逆对平蛮。忠肝对义胆,雾鬟对云鬟。埋笔冢,烂柯山。月貌对天颜。龙潜终得跃,鸟倦亦知还。陇树飞来鹦鹉绿,池筠密处鹧鸪斑。秋露横江,苏子月明游赤壁;冻云迷岭,韩公雪拥过蓝关。

笠翁对韵

下卷

## 一　先

寒对暑，日对年。蹴鞠对秋千。丹山对碧水，淡雨对覃烟。歌宛转，貌婵娟。雪鼓对云笺。荒芦栖南雁，疏柳噪秋蝉。洗耳尚逢高士笑，折腰肯受小儿怜。郭泰泛舟，折角半垂梅子雨；山涛骑马，接䍦倒着杏花天。

轻对重，肥对坚。碧玉对青钱。郊寒对岛瘦，酒圣对诗仙。依玉树，步金莲。凿井对耕田。杜甫春宵立，边韶白昼眠。豪饮客吞波底月，酣游人醉水中天。斗草青郊，几行宝马嘶金勒；看花紫陌，千里香车拥翠钿。

吟对咏，授对传。乐矣对凄然。风鹏对雪雁，董杏对周莲。春九十，岁三千。钟鼓对管弦。入山逢宰相，无事即神仙。霞映武陵桃淡淡，烟荒隋堤柳绵绵。七碗月团，啜罢清风生腋下；三杯云液，饮余红雨晕腮边。

中对外，后对先。树下对花前。玉桂对金屋，叠嶂对平川。孙子策，祖生鞭。盛席对华筵。解醉知茶力，消愁识酒权。丝剪芰荷开东沼，锦妆凫雁泛温泉。帝女衔石，海中遗魄为精卫；蜀王叫月，枝上游魂化杜鹃。

## 二　箫

翠对管，斧对瓢。水怪对花妖。秋声对春色，白缣对红绡。臣五代，事三朝。头柄对弓腰。醉客歌金缕，佳人品玉箫。风定落花闲不扫，霜余残叶湿难烧。千载兴周，尚父一竿投渭水；百年霸越，钱王万弩射江潮。

荣对悴，夕对朝。露地对云霄。商彝对周鼎，殷箫对虞韶。樊素口，小蛮腰。六诏对三苗。朝天车奕奕，出塞马萧萧。公子幽兰重泛舸，王孙芳草正联镳。潘岳高怀，曾向秋天吟蟋蟀；王维清兴，尝于雪夜面芭蕉。

耕对读，牧对樵。琥珀对琼瑶。兔毫对鸿爪，桂楫对兰桡。鱼潜藻，鹿藏樵。水远对山遥。湘灵能鼓瑟，嬴女解吹箫。雪点寒梅横小院，风吹弱柳覆平桥。月牖通宵，绛蜡罢时光不减；风帘当昼，雕盘停后篆难消。

## 三 肴

诗对礼,卦对爻。燕引对莺调。辰钟对暮鼓,野馔对山肴。雉方雊,鹊始巢。猛虎对神獒。疏星浮荇叶,皓月上松梢。为邦自古推瑚琏,从政于今愧斗筲。管鲍相知,能交忘形胶漆友;蔺廉有隙,终对刎颈死生交。

歌对舞,笑对嘲。耳语对神交。焉鸟对亥豕,獭髓对鸾胶。宜久敬,莫轻抛。一气对同胞。祭遵甘布被,张禄念绨袍。花径风来逢客访,柴扉月到有僧敲。夜雨园中,一颗不雕王子柰;秋风江上,三重曾卷杜公茅。

衙对舍,廪对庖。玉磬对金铙。竹林对梅岭,起凤对腾蛟。鲛绡帐,兽锦袍。露果对风梢。扬州输橘柚,荆土贡菁茅。断蛇埋地称孙叔,渡蚁作桥识宋郊。好梦难成,蛩响阶前偏唧唧;良明远到,鸡声窗外正嘐嘐。

## 四 豪

茭对茨，荻对蒿。山鹿对江鳌。莺簧对蝶板，浪麦对桃涛。骐骥足，凤凰毛。美誉对嘉褒。文人窥蠹简，学士书兔毫。马援南征栽薏苡，张骞西使进葡萄。辩口悬河，万语千言常亹亹；词源倒峡，连篇累牍自滔滔。

梅对杏，李对桃。樸朴对旌旄。酒仙对诗史，德泽对思膏。悬一榻，梦三刀。拙逸对贵劳。玉堂花烛绕，金殿月轮高。孤山看鹤盘云下，蜀道闻猿向月号。万事从人，有花有酒应自乐；百年皆客，一丘一壑尽吾豪。

台对省，署对曹。分袂对同胞。鸣琴对击剑，返辙对回艚。良借箸，操提刀。香茗对醇醪。滴泉归海大，篑土积山高。石室客来煎雀吞，画堂宾至饮羊羔。被谪贾生，湘水凄凉吟服鸟；遭谗屈子，江潭憔悴著离骚。

## 五　歌

　　微对巨，少对多。直干对平柯。蜂媒对蝶使，雨笠对烟蓑。眉淡扫，面微酡。妙舞对清歌。轻衫裁夏葛，薄袂剪春罗。将相兼行唐李靖，霸王杂用汉萧何。月本阴精，岂有羿妻曾窃药；星为夜宿，浪传织女漫投梭。

　　慈对善，虐对苛。缥缈对婆娑。长杨对细柳，嫩蕊对寒莎。追风马，挽日戈。玉液对金波。紫诏衔丹凤，黄庭换白鹅。画阁江城梅作调，兰舟野渡竹为歌。门外雪飞，错认空中飘柳絮；岩边瀑响，误疑天半落银河。

　　松对竹，荇对荷。薜荔对藤萝。梯云对步月，樵唱对渔歌。升鼎雉，听经鹅。北海对东坡。吴郎哀废宅，邵子乐行窝。丽水良金皆待冶，昆山美玉总须磨。雨过皇州，琉璃色灿华清瓦；风来帝苑，荷芰香飘太液波。

　　笼对槛，巢对窝。及第对登科。冰清对玉润，地利对人和。韩擒虎，荣驾鹅。青女对素娥。破头朱泚笏，折齿谢昆梭。留客酒杯应恨少，动人诗句不须多。绿野凝烟，但听村前双牧笛；沧江积雪，唯看滩上一渔蓑。

## 六　麻

清对浊,美对嘉。鄙吝对矜夸。花须对柳眼,屋角对檐牙。志和宅,博望槎。秋实对春华。乾炉烹白雪,坤鼎炼丹砂。深宵望冷沙场月,边塞听残野戍笳。满院松风,钟声隐隐为僧舍;半窗花月,锡影依依是道家。

雷对电,雾对霞。蚁阵对蜂衙。寄梅对怀橘,酿酒对烹茶。宜男草,益母花。杨柳对蒹葭。班姬辞帝辇,蔡琰泣胡笳。舞榭歌楼千万尺,竹芳茅舍三两家。珊枕半床,月明时梦飞塞外;银筝一奏,花落处人在天涯。

圆对缺,正对斜。笑语对咨嗟。沈腰对潘鬓,孟笋对卢茶。百舌鸟,两头蛇。帝里对仙家。尧仁敷率土,舜德被流沙。桥上授书曾纳履,壁间题句已笼纱。远塞迢迢,露碛风沙何可极;长沙渺渺,雪涛烟浪信无涯。

疏对密,朴对华。义鹘对慈鸦。鹤群对雁阵,白苎对黄麻。读三到,吟八叉。肃静对喧哗。围棋兼把钓,沉李并浮瓜。羽客片时能煮石,狐禅千劫似蒸沙。党尉粗豪,金帐笼香斟美酒;陶生清逸,银铛融雪啜团茶。

## 七 阳

　　台对阁，沼对塘。朝雨对夕阳。游人对隐士，谢女对秋娘。三寸舌，九回肠。玉液对琼浆。秦皇照胆镜，徐肇返魂香。青萍夜啸芙蓉匣，黄卷时摊薜荔床。元亨利贞，天地一机成化育；仁义礼智，圣贤千古立纲常。

　　红对白，绿对黄。昼永对更长。龙飞对凤舞，锦缆对牙樯。云弁使，雪衣娘。故国对他乡。雄文能徙鳄，艳曲为求凰。九日高峰惊落帽，暮春曲水喜流觞。僧占名山，云绕茂林藏古殿；客栖胜地，风飘落叶响空廊。

　　衰对壮，弱对强。艳饰对新妆。御龙对司马，破竹对穿杨。读班马，识求羊。水色对山光。仙棋藏绿橘，客枕梦黄粱。池草入诗因有诗，海棠带恨为无香。风起画堂，帘箔影翻青荇沼；月斜金井，辘轳声度碧梧墙。

　　臣对子，帝对王。日月对风霜。乌台对紫府，雪牖对云房。香山社，昼锦堂。节屋对岩廊。芬椒涂内壁，文杏饰高梁。贫女幸分东壁影，幽人高卧北窗凉。绣阁探春，丽日半笼青镜色；水亭醉夏，熏风常透碧筒香。

## 八　庚

形对貌,色对声。夏邑对周京。江云对涧树,玉磬对银筝。人老老,我卿卿。晓燕对春莺。玄霜春玉杵,白露贮金茎。贾客君山秋弄笛,仙人缑岭夜吹笙。帝业独兴,尽道汉高能用将;父书空读,谁言赵括善知兵。

功对业,性对情。月上对云行。乘龙对附骥,阆苑对蓬瀛。春秋笔,月旦评。东作对西成。隋珠光照乘,和璧价连城。三箭三人唐将勇,一琴一鹤赵公清。汉帝求贤,诏访严滩逢故旧;宋廷优老,年尊洛社重耆英。

昏对旦,晦对明。久雨对新晴。蓼湾对花港,竹友对梅兄。黄石叟,丹丘生。犬吠对鸡鸣。暮山云外断,新水月中平。半榻清风宜午梦,一犁好雨趁春耕。王旦登庸,误我十年迟作相;刘蕡不第,愧他多士早成名。

## 九 青

庚对甲,乙对丁。魏阙对彤庭。梅妻对鹤子,珠箔对银屏。鸳浴沼,鹭飞汀。鸿雁对鹡鸰。人间寿者相,天上老人星。八月好修攀桂斧,三春须系护花铃。江阁凭临,一水净连天际碧；石栏闲倚,群山秀向雨余青。

危对乱,泰对宁。纳陛对趋庭。金盘对玉箸,泛梗对浮萍。群玉圃,众芳亭。旧典对新型。骑牛闲读史,牧豕自横经。秋首田中禾颖重,春余园内菜花馨。旅次凄凉,塞月江风皆惨淡；筵前欢笑,燕歌赵舞独娉婷。

## 十　蒸

苹对蓼,莆对菱。雁弋对鱼罾。齐纨对鲁绮,蜀锦对吴绫。星渐没,日初升。九聘对三征。萤何曾作吏,贾岛昔为僧。贤人视履循规矩,大斧挥斤校准绳。野渡春风,人喜乘潮移酒舫;江天暮雨,客愁隔岸对渔灯。

谈对吐,谓对称。冉闵对颜曾。侯嬴对伯嚭,祖逖对孙登。抛白纻,宴红绫。朋友对良朋。争名如逐鹿,谋利似趋蝇。仁杰姨渐周不仕,王陵母识汉方兴。句写穷愁,浣花寄迹传一部;诗吟变乱,凝碧伤心叹右丞。

## 十一 尤

荣对辱,喜对忧。缱绻对绸缪。吴娃对越女,野马对沙鸥。茶解渴,酒消愁。白眼对苍头。马迁修史记,孔子作春秋。莘野耕夫闲举耜,渭滨渔父晚垂钩。龙马游河,羲帝因图而画卦;神龟出洛,禹王取法以明畴。

冠对履,舄对裘。院小对庭幽。画墙对漆地,错智对良筹。孤嶂耸,大江流。芳泽对园丘。花潭来越唱,柳屿起吴讴。莺懒燕忙三月雨,蛩摧蝉退一天秋。钟子听琴,荒径入林山寂寂;谪仙捉月,洪涛接岸水悠悠。

鱼对鸟,鹊对鸠。翠馆对红楼。七贤对三友,爱月对悲秋。虎类狗,蚁如牛。列辟对诸侯。陈唱临春乐,隋歌清夜游。空中事业麒麟阁,地下文章鹦鹉洲。旷野平原,猎士马蹄轻似箭;斜风细雨,牧童牛背稳如舟。

## 十二　侵

歌对曲，啸对吟。往古对来今。山头对水面，远浦对遥岑。勤三上，惜寸阴。茂树对平林。卞和三献玉，杨震四知金。青皇风暖催芳草，白帝城高急暮砧。绣虎雕龙，才子窗前挥彩笔；描鸾刺凤，佳人帘下度金针。

登对眺，涉对临。瑞雪对甘霖。主欢对民乐，交浅对言深。耻三战，乐七擒。顾曲对知音。大车行槛槛，驷马聚骎骎。紫电青虹腾剑气，高山流水识琴心。屈子怀君，极浦吟风悲泽畔；王郎忆友，扁舟卧雪访山阴。

## 十三 覃

宫对阙,座对龛。水北对天南。蜃楼对蚁郡,伟论对高谈。遴杞梓,树梗楠。得一对函三。八宝珊瑚枕,双珠玳瑁簪。萧王待士心唯赤,卢相欺君面独蓝。贾岛诗狂,手拟敲门行处想;张颠草圣,头能濡墨写时酣。

闻对见,解对谙。三橘对双柑。黄童对白叟,静女对奇男。秋七七,径三三。海色对山岚。鸾声何哕哕,虎视正眈眈。仪封疆吏知尼父,函谷关人识老聃。江相归池,止水自盟真是止;吴公作宰,贪泉虽饮亦何贪?

## 十四 盐

　　宽对猛,冷对淡。清直对尊严。云头对雨脚,鹤发对龙髯。风台谏,肃台廉。保泰对鸣谦。五湖归范蠡,三径隐陶潜。一剑成功堪佩印,百钱满卦便垂帘。浊酒停杯,容我半酣愁际饮;好花傍座,看他微笑悟时拈。

　　连对断,减对添。淡泊对安恬。回头对极目,水底对山尖。腰袅袅,手纤纤。凤卜对鸾占。开田多种粟,煮海尽成盐。居同九世张公艺,恩给千人范仲淹。箫弄凤来,秦女有缘能跨羽;鼎成龙去,轩臣无计得攀髯。

　　人对己,爱对嫌。举止对观瞻。四知对三语,义正对词严。勤雪案,课风檐。漏箭对书笺。文繁归獭祭,体艳别香奁。昨夜题诗更一字,早春来燕卷重帘。诗以史名,愁里悲歌怀杜甫;笔经人索,梦中显晦老江淹。

## 十五 咸

栽对植,薙对芟。二伯对三监。朝臣对国老,职事对官衔。鹿麌麌,兔毚毚。启牍对开缄。绿杨莺睍睆,红杏燕呢喃。半篱白酒娱陶令,一枕黄粱启吕岩。九夏炎飙,长日风亭留客骑;三冬寒冽,漫天雪浪驻征帆。

梧对杞,柏对杉。夏濩对韶咸。涧瀍对溱洧,巩洛对崤函。藏书洞,避诏岩。脱俗对超凡。贤人羞献媚,正士嫉工谗。霸越谋臣推少伯,佐唐藩将重浑瑊。邺下狂生,羯鼓三挝羞锦袄;江州司马,琵琶一曲湿青衫。

袍对笏,履对衫。匹马对孤帆。琢磨对雕镂,刻划对镌镵。星北拱,日西衔。厄漏对鼎馋。江边生桂苦,海外树都咸。但得恢恢存利刃,何须咄咄达空函。彩凤知音,乐典后夔须九奏;金人守口,圣如尼父亦三缄。

图书在版编目（CIP）数据

诗僧对韵 / 能愿著． -- 北京：中国文联出版社，2016.8
ISBN 978-7-5190-1666-1

Ⅰ．①诗… Ⅱ．①能… Ⅲ．①佛学—通俗读物 Ⅳ．① B94-49

中国版本图书馆 CIP 数据核字（2016）第 161708 号

## 诗僧对韵

| 著　者：能　愿 | |
| --- | --- |
| 出 版 人：朱　庆 | |
| 终 审 人：张　山 | 复 审 人：蒋爱民 |
| 责任编辑：袁　靖 | 责任校对：李齐章 |
| 封面设计：梧　白 | 责任印制：陈　晨 |

出版发行：中国文联出版社
地　　址：北京市朝阳区农展馆南里 10 号，100125
电　　话：010-85923061（咨询）85923000（编务）85923020（邮购）
传　　真：010-85923000（总编室），010-85923020（发行部）
网　　址：http://www.clapnet.cn　　http://www.claplus.cn
E - mail：clap@clapnet.cn　　　　　yuanj@clapnet.cn

印　　刷：北京卡乐富印刷有限公司
装　　订：北京卡乐富印刷有限公司
法律顾问：北京市天驰君泰律师事务所徐波律师
本书如有破损、缺页、装订错误，请与本社联系调换

| 开　本：880×1230 | 1/32 |
| --- | --- |
| 字　数：30 千字 | 印　张：5.5 |
| 版　次：2016 年 8 月第 1 版 | 印　次：2016 年 8 月第 1 次印刷 |
| 书　号：ISBN 978-7-5190-1666-1 | |
| 定　价：32.00 元 | |

版权所有　翻印必究